Estampes Japonaises

CONDITIONS DE LA VENTE

Elle sera faite au comptant.

Les acquéreurs payeront 10 p. 100 en sus des enchères.

COLLECTION K. T.

Estampes Japonaises

DONT LA VENTE AURA LIEU LES 17 ET 18 FÉVRIER 1910

A L'HOTEL DROUOT, Salle n° 10

Commissaire-priseur : **M. F. LAIR-DUBREUIL**, rue Favart, 6.

Experts : **MM. BING**, rue Saint-Georges, 10.
H. et A. PORTIER, rue Chauchat, 24.

EXPOSITIONS :

De 9 heures 1/2 à 6 heures

PARTICULIÈRE : Chez MM. PORTIER, 24, rue Chauchat. les 12, 14, 15 février.

PUBLIQUE : A l'HÔTEL DROUOT, le 16 février.

ESTAMPES JAPONAISES

LES TORII

KYONOBOU (Torii)

(1664-1729)

1. F. hosoyé. Un couple en promenade, l'homme abritant sa compagne sous un grand parasol.

Signée : Torii Kyonobou.

2. — Urushiye. Acteur femme debout en promenade.

Signée : Torii Kyonobou.

3. — Acteur vêtu en guerrier portant, sur son dos, une grande hotte fleurie (voir Reproduction, planche n° 13).

Signée : Torii Kyonobou.

KYOMASSOU (Torii)

(1679-1762)

4. F. hosoyé. Ichikawa Yebizo. Deux acteurs, dont l'un, debout, déroule un kakémono devant l'autre accroupi demi-nu. Urushiye.

Signée : Torii Kyomassou.

5. — Acteur debout tenant un attribut d'une main et un sabre de l'autre.

Signée : Torii Kyomassou.

6. F. hosoyé. Divinité, assise sur un chien de Fô, la perle sacrée en main (voir Reproduction, planche n° 1).

Non signée.

7. — Acteur barbu devant une cascade. Urushiye.

Cachet de Torii Kyomassou.

8. — Urushiye. Jeune femme jouant de la flûte, assise sur un bœuf (voir Reproduction, planche n° 1).

Cachet de Torii Kyomassou.

KIYOHIRO (Torii)

(1708-1766)

9. F. hosoyé. Joli beniye, représentant une jeune femme, debout, abandonnant son shamisen.

Signée : Torii Kiyohiro.

10. — Beniye. Joueuse de flûte debout devant sa vérandah (voir Reproduction, planche n° 4).

Signée : Torii Kiyohiro.

KIYOMITSU (Torii)

(1735-1785)

11. F. hosoyé. Beniyé. Couple tenant un éventail et un parasol (voir Reproduction, planche n° 2).

Signée : Torii Kyomitsu.

12. — Acteur debout tenant sa coiffure à la main.

Signée : Torii Kyomitsu.

13 — Deux acteurs déroulant un kakémono.

Signée : Torii Kyomitsu.

14. — Deux acteurs dont l'un, debout, tient un miroir.

Signée : Torii Kyomitsu.

15. — Deux acteurs combattant à coups de parasols.

Signé : Torii Kyomitsu.

KIYOMASA (Torii)

(1679-1762)

16. F. hauteur. Buste. Femme tenant une pipette de la main gauche (voir Reproduction, planche n° 20).

Signée : Torii Kyomasa.

KIYOTSUNE (Torii)

(1735-1785)

17. F. hosoyé. Beniye. Deux acteurs, la femme debout, le miroir, symbole du soleil, à la main, la ceinture noire déroulée en forme de trompe d'éléphant.

Signée : Torii Kiyotsune.

CHINCHO (Hasigawa)

18. F. hosoyé. La mort de Bouddah (voir Reproduction, planche n° 1).

Signée : Hasigawa Chincho.

MASSANOBOU (Okumura)

(1685-1764)

19. F. hosoyé. Urushiye. Jeune femme richement vêtue rajustant sa coiffure (voir Reproduction, planche n° 3).

Signée : Okumura Massanobou.

TOSHINOBOU (Okumura)

(1720-1763)

20. F. Kakemonoye. Beniyé représentant la mort de Bouddah entouré de ses disciples.

21. G. f. larg. Personnages et pèlerins se dirigeant vers un temple.

22. F. hosoyé. Urushiye. Trois beautés.

Signée : Okumura Toshinobou.

23. — Grande dame en promenade, manteau poudré d'or.

SHIGENAGA (Nishimura)

(1697-1756)

24. F. hosoyé. Urushiye. Personnage drapé dans une longue robe noire, son ombrelle à la main, accompagné de ses deux petits serviteurs (voir Reproduction, planche n° 3).

Signée : Nishimura Shigenaga.

25. — Urushiye. Jeune femme, somptueusement vêtue, lisant. Joli décor dans la robe en partie laquée ; belle épreuve.

Signée : Nishimura Shigenaga.

26. — Tigre dans les bambous : bonne épreuve non signée.

HARUNOBOU (Souzouki)

(1703-1770)

27. F. Nagaye. « Les Sept Dieux du Bonheur » passant dans leur barque, en vue de Fuji.

Signée : Harunobou.

28. — Choki, accroupi sur un rocher, fait porter, par un diablotin rouge suspendu par un cordeau, une déclaration à une jolie fille qui passe au bord de l'eau.

Signée : Souzouki Harunobou.

29. — Jeune femme amusée par un petit singe qui se cramponne à sa ceinture. Bon tirage (voir Reproduction, planche n° 9).

Signée : Souzouki Harunobou.

30. — Jeune femme, sortant du bain, admirée par un gros crapaud ; très belle épreuve (voir Reproduction, planche n° 6).

Signée : Harunobou.

31. For. carré. **La sieste.** — Déjà à demi enfouis sous les couvertures, les deux amis vont se reposer.

Signée : Souzouki Harunobou.

32. — **Sur l'eau.** — Un savant et une jeune femme, tous deux debout dans des bateaux, correspondent à l'aide de kakémonos déroulés.

Signée : Harunobou.

33. — **Fumerie.** — Petite servante apportant une tasse de thé à un jeune seigneur en train de fumer.

Signée : Harunobou.

34. — **La promenade.** — Un jeune couple et une fillette hésitent à sortir dans la neige épaisse. Jolie épreuve à tonalités très douces (voir Reproduction, planche n° 5).

Signée : Souzouki Harunobou.

35. — **L'aubade.** — Jeune seigneur, le visage masqué par son grand chapeau de paille, venant jouer de la flûte à son amie debout sous la vérandah. A ses pieds, un bassin où se reflète la figure du joueur (voir Reproduction, planche n° 5).

Signée : Souzouki Harunobou.

36. — **Le réveil.** — Jeune femme, drapée dans un kimono blanc, sortant de sa couchette, interdite à la vue de sa servante endormie.

Signée : Harunobou.

37. — **Le concert.** — A la faible lueur d'une lanterne, les deux amies jouent du shamisen (voir Reproduction, planche n° 5).

Signée : Souzouki Harunobou.

38. — **La missive.** — Deux jeunes femmes, en train de fumer, interrompues par une jeune servante leur apportant une lettre.

Cachet : Hayashi. — *Signée :* Harunobou.

TOYONOBOU (Ishikawa)

(1710-1785)

39. F. hosoyé. Deux acteurs richement vêtus. Épreuve très brunie.

Signée : Ishikawa Toyonobou.

40. — Deux jeunes acteurs luttant sous une branche fleurie, accompagnés de deux coqs. Belle épreuve beniye (voir Reproduction, planche n° 2).

Signée : Ishikawa Toyonobou.

41. — Acteur debout, un sabre à la main. Jolis tons atténués vert et rose (voir Reproduction, planche n° 4).

Signée : Ishikawa Toyonobou.

42. Nagaye. Jeune homme, examinant le contenu d'une boîte à messages, surveillé par Benkeï (voir Reproduction, planche n° 10).

Signée : Ishikawa-shua-Toyonobou.

KORIUSAI (Isoda)

(1720-1782)

43. F. Nagaye. Jeune femme debout, vêtue d'un kimono gris à fleurettes blanches, donnant à manger à un gros rat blotti dans sa main.

Jolie composition *signée :* Koriusaï.

44. — Grande femme élégamment vêtue, se rendant à la promenade.

Signée : Koriusaï.

45. — Jeune fille en promenade, accompagnée de son petit serviteur lourdement chargé.

Signée : Koriusaï.

46. — Jeune femme, légèrement vêtue, fort occupée à se couper les ongles des pieds (voir Reproduction, planche n° 6).

Signée : Koriusaï.

47. F. Nagaye. Jeune femme, mi-vêtue, vue à travers sa moustiquaire, s'efforçant, une paille enflammée à la main, à brûler quelques moustiques qui ont réussi à s'y introduire, tonalités très douces (voir Reproduction, planche n° 6).

Signée : Koriusaï.

48. Form. carré. Jeune chat s'apprêtant à dévorer un oiseau, qu'il vient de prendre dans un buisson (voir Reproduction, planche n° 7).

Signée : Koriusaï.

49. — Une petite famille de hérons se détachant en blanc, dans un massif d'iris, rehaussé de touches vertes, au lever du soleil.

Belle épreuve atténuée non signée.

50. — Un grand oiseau de Hòo posé sur une branche fleurie, au-dessus d'un étang (voir Reproduction, planche n° 7).

Signée : Koriusaï.

51. — Deux coucous dans un joli massif de glycines.

Non signée.

52. — Deux perroquets sur leur perchoir, dont l'un se détache, en gau.'ré blanc, sur le fond bistré de l'estampe (voir Reproduction, planche n° 7).

Belle épreuve *signée :* Koriu.

53. — L'aigle se détachant en impression noire, fièrement campé sur son perchoir (voir Reproduction, planche n° 7).

Signée : Koriusaï.

54. — Un enfant accroupi, en train d'écrire, surveillé par un couple porteur de grands sabres (voir Reproduction, planche n° 8).

Signée : Koriu.

55. — Deux jeunes femmes, l'une à genou, aidant sa compagne à passer un manteau rouge sur sa robe d'intérieur (voir Reproduction, planche n° 5).

Signée : Koriusaï.

56. Form. carré. Deux jeunes filles, l'une s'abritant de l'ondée sous son ombrelle, l'autre, gracieusement inclinée, poussant, de sa pipette, un petit bateau (voir Reproduction, planche n° 8).

Signée : Koriu.

57. — A quoi rêvent les jeunes filles ; toutes deux, en riches kimonos, devisent sur la terrasse, au bord de l'eau (voir Reproduction, planche n° 8).

Signée : Koriu.

58. — Deux jeunes filles, en jolis kimonos noirs rehaussés de ceintures et de gorgères polychromes, dansent la Niwaka (voir Reproduction, planche n° 8).

Très bonne estampe *signée :* Koriu.

59. — Le bain de la tortue. Un jeune garçon accroupi devant un bassin où il va déposer une grosse tortue.

Signée : Koriusaï.

60. F. hauteur. Une jolie geisha, partant pour la promenade, avec ses deux jeunes servantes (voir Reproduction, planche n° 15).

Signée : Koriusaï.

61. — Revenue de sa promenade, la jolie geisha se délasse en fumant sa pipette.

Signée : Koriusaï.

BOUNTSHO (Ippitsusaï)

(vers 1764-1796)

62. F. hosoyé. Acteur debout contre un tsuitate.

Signée : Ippitsusaï Bountsho.

63. — Acteur dansant, une branche de chrysanthème sur l'épaule.

Signée : Ippitsusaï Bountsho.

64. — Couple d'acteurs sous un parapluie (voir Reproduction, planche n° 4).

Signée : Ippitsusaï Bountsho.

65. — Acteurs portant deux sabres et levant le bras droit,

Signée : Ippitsusaï Bountsho.

66. F. hosoye. Acteur debout, coiffé d'un bonnet rouge.

Signée : Ippitsusaï Bountsho.

KIYONAGA (Torü)

(1752-1814)

67. F. Nagaye. Jeune femme légèrement vêtue, occupée à sa coiffure, un chien à ses pieds sur la terrasse (voir Reproduction, planche n° 11).

Signée : Kiyonaga.

68. — Jeune enfant essayant d'attraper un petit chien blotti dans les bras de sa mère (voir Reproduction, planche n° 9).

Signée : Kiyonaga.

69. — Femme passant derrière un store, le kimono entr'ouvert (voir Reproduction, planche n° 10).

Signée : Kiyonaga.

70. F. hauteur. Deux dames de la cour, sur une terrasse abritée par un store (voir Reproduction, planche n° 12).

Signée : Kiyonaga.

71. Triptyque. Cortège en fête.

Signée : Kiyonaga.

72. P. f. carré. Deux jeunes dames et un enfant se reposant sur un banc, dans un bosquet fleuri.

Très jolie épreuve *signée :* Kiyonaga.

73. F. hauteur. Acteurs jouant devant un orchestre.

Signée : Kiyonaga.

SHUNSHO (Katsugawa)

(1724-1792)

74. F. Nagaye. Jeune femme, drapée dans un kimono rouge, sortant du bain (voir Reproduction, planche n° 11).

Très belle épreuve non signée.

75. F. Nagaye. Jeune femme attendant, un plat à la main, le poisson que lui apprête le marchand.

Signée : Shunsho.

76. — Jeune femme, en promenade, dans un kimono sombre, s'abritant d'une main, s'éventant de l'autre,

Signée : Shunsho.

77. — Jeune homme attendant sa compagne, occupée avec son enfant qu'elle devrait tourner contre un arbre.

Signée : Shunsho.

78. P. f. carré. Joli groupe de trois jeunes femmes, l'une se chauffant. l'autre s'apprêtant à manger. la troisième debout.

Signée : Shunsho.

79. — Jolie grisaille représentant trois femmes et un jeune garçon en promenade.

Signée : Shunsho.

SHUNYEI (Katsugawa)

(1769-1819)

80. F. hauteur. Kintoki, l'enfant rouge, debout, le pied sur un ours, soulevant des jouets.

Signée : Shunyeï.

81. — Seigneur à deux sabres, s'éventant.

Signée : Shunyeï.

82. Hosoyé Acteur, vêtu de paille, portant le fusil, sous la pluie (voir Reproduction, planche n° 13).

Signée : Shunyeï.

83. Sourimono. Grande barque de passeur chargée de nombreux personnages.

Signée : Shunyeï.

SHUNKO (Katsugawa)

(vers 1765-1790)

84. F. hosoyé. Acteurs. l'un debout, l'autre assis devant un miroir

Signée : Shunko.

85. F. hauteur. Buste. — Lutteur et jeune femme.
Non signée.

TOYOMASSA (Ishikawa)

(vers 1770-1780)

86. P. f. carré. Groupe d'enfants au jeu.
Signée : Toyomassa.

87. — Autre scène, même sujet.
Signée : Toyomassa.

TOYOHIRO (Outagava)

(1773-1828)

88. P. f. hauteur. Jeune femme, son ombrelle à la main, retroussant sa robe dans la neige (voir Reproduction, planche n° 17).
Signée : Toyohiro.

89. — Jeune femme courant, tenant, d'une main, sa lanterne, et de l'autre, retenant son vêtement qui s'entr'ouvre (voir Reproduction, planche n° 17).
Signée : Toyohiro.

90. — Deux personnages en buste.
Signée : Toyohiro.

TOYOKOUNI (Outagava)

(1769-1825)

91. Triptyque. Diverses occupations de femmes, jouant, écrivant et buvant.
Signée : Toyokouni.

92. P. f. hauteur. Trois jeunes femmes s'amusant à rouler une énorme boule de neige.
Signée : Toyokouni.

93. — Trois amies devisant sous un prunier fleuri. — Jolie composition à tonalités harmonieuses.
Signée : Toyokouni.

300

94. P. f. hauteur. La cueillette des cœurs de bambous. — Deux jeunes femmes et un enfant arrachent les jeunes pousses.

Signée : Toyokouni.

SHUNCHO (Katsugawa)

(vers 1770-1790)

94A. G. f. largeur. Lutteurs aux prises devant un arbitre (voir Reproduction, planche n° 22).

Signée : Shuncho.

94B. F. hauteur. Personnage debout, à sa toilette.

Même signature.

94C. Hosoyé. Porteur debout, près d'un orimono.

Même signature.

94D. — Acteur tendant son arc.

Même signature.

94E. — Acteur, drapé dans sa robe noire, se promenant.

Même signature.

94F. — Acteur accroupi sous une draperie.

Même signature.

94G. — Personnage, vêtu de paille, soulevant un casque.

Même signature.

94H. — Acteur, debout, soulevant un grand sabre.

Même signature.

94I. — Acteur debout, femme.

Même signature.

94J. — Acteur, debout, tenant un coffret.

Même signature.

94K. — Personnage debout, devant un grand feu.

Même signature.

94L. F. carré. Deux guerriers sur une terrasse.

Signée : Katsugawa Shuncho.

94M. F. hauteur. Femme, sur un rocher, devant un temple au bord de l'eau.

Signée : Shunsho.

94x. F. hauteur. Kintoki, l'enfant rouge, un pied sur un sanglier, enlevant un ourson.

Signée : Shunsho.

94o. F. largeur. Jeune femme accroupie, s'efforçant de dissimuler une lettre à un jeune homme qui apparaît derrière la cloison. — A gauche, un petit meuble portant une peinture signée Shuncho.

SHIGEMASA (Kitao)

(1738-1819)

95. F. hosoyé. Acteur acrobate dansant et jouant de la musique (voir Reproduction, planche n° 2).

Signée : Kitao Shigemassa.

KIYOMINE (Torü)

(1786-1868)

96. G. f. hauteur. Danyuro luttant. — Réhauts d'argent.

Signée : Kiyomine, d'après Kiyonobou.

97. G. f. hauteur. Danyuro dansant.

Signée : Kiyomine, d'après Kiyomassou.

SHARAKOU (Tochiusaï)

(vers 1775-1810)

98. F. hauteur. Sanokawa Ichimatsu en femme. — Portrait d'acteur (voir Reproduction, planche n° 14).

Signée : Tochiusaï Sharakou.

99. — Arashi Tokusaburo. — Portrait d'acteur (voir Reproduction, planche n° 14).

Signée : Tochiusaï Sharakou.

100. — Lutteur joufflu, assis, lançant un tabouret (voir Reproduction, planche n° 12).

Signée : Tochiusaï Sharakou.

101. F. étroit haut. Acteur, debout, son éventail à la main (voir Reproduction, planche n° 13).

Signée : Tochiusaï Sharakou.

OUTAMARO (Kitagava)

(1754-1806)

102. F. Kakemonoye. Femme accroupie, près d'une amie, tenant une lanterne. Epreuve à tons atténués.

Signée : Outamaro.

103. F. hauteur. Buste de femme tenant une coupe à saké, sur fond micacé (voir Reproduction, planche n° 14).

Signée : Outamaro.

104. — Bustes de femmes causant.

Signée : Outamaro.

105. — La collation (voir Reproduction, planche n° 15).

Signée : Outamaro.

106. — Les trois beautés des capitales.

Signée : Outamaro.

107. — Grande femme agenouillée, écrivant une lettre (voir Reproduction, planche n° 18).

Signée : Outamaro.

108. — Femmes devant une boutique de jouets.

Signée : Outamaro.

109. — Femme et garçonnet jouant au jeu de Go.

Signée : Outamaro.

110. — Femme, accroupie, tenant un éventail (voir Reproduction, planche n° 18).

Signée : Outamaro.

111. — Famille de grues près d'une pousse de pins (voir Reproduction, planche n° 15).

Signée : Outamaro.

112. — Trois planches, de la série des marionnettes.

Signée : Outamaro.

113. Musicienne agenouillée, jouant de la flûte.

Même signature.

113 A. F. hauteur. Musicienne agenouillée, jouant du tsutsumi.
Même signature.

113 B. — Musicienne agenouillée, jouant du tambourin.
Même signature.

113 C. — Musicienne agenouillée, jouant du tambour.
Même signature.

113 D. — Musicienne agenouillée, élevant un éventail.
Même signature.

114. — Jeune mère, accroupie, baignant son enfant (voir Reproduction, planche n° 15).
Signée : Outamaro.

114 *bis*. Hosoyé. Planche à double face. Servante debout, tenant, de la main droite un nécessaire de fumeur, et, de la main gauche, un bol sur son présentoir. Pièce remarquable par son repérage superposé (voir Reproduction, planche n° 16).
Signée : Outamaro.

TCHOKI (Yeishosai)

(1773-1801)

115. Triptyque. Grand bateau de plaisance sur la Sumida.
Signée : Tchoki.

YEISHI (Chobunsaï)

(vers 1780-1805)

116. Triptyque. Promenade de dames au bord de la Sumida (voir Reproduction, planche n° 19).
Signée : Yeishi.

117. F. largeur. Deux groupes, l'un écrivant, l'autre regardant un makémono.

118. F. hauteur. Grisaille représentant un groupe de seigneurs et de dames sur une terrasse.
Signée : Yeishi.

119. — Dame à sa toilette devant son miroir (voir Reproduction, planche n° 17).
Signée : Yeishi.

120. F. hauteur. Dame examinant sa coiffure dans un jeu de miroirs (voir Reproduction, planche n° 17).

Signée : Yeishi.

121. — Femmes causant et frappant un tam-tam.

YEISHO (Chokosaï)

(vers 1800)

122. F. hauteur. Fond micacé — Buste de femme tenant un éventail (voir Reproduction, planche n° 20).

Signée : Yeisho.

122 *bis*. — Fond micacé — Buste de femme tenant une poupée (voir Reproduction, planche n° 20).

Signée : Yeisho.

122 *ter*. Triptyque. Un salon au Yoshiwara. Trois dames accroupies devant le fameux paravent peint par Outamaro (voir Reproduction, planche n° 21).

Signée : Yeisho.

YEIRI (Rekicenté)

(vers 1780-1810)

123. F. hauteur. Fond micacé — Buste de femme enfouie dans son kimono (voir Reproduction, planche n° 14).

Signée : Yeiri.

SHIKIMARO (Tokeirin)

(vers 1790-1805)

124. F. hauteur. Grande femme agenouillée, se regardant dans un miroir.

Signée : Shikumaso.

MASSANOBOU (Kitao)

(1761-1816)

124 *bis*. F. larg. Dames en riches costumes sur une terrasse.

HOK'SAI (Katsuchika)

(1760-1849)

Série des 36 vues du Fuji.

125. F. largeur. « Tokaido Tago no ura riaku dzu ». Le bord de la mer à Tago, près de Yejiri, une des stations de Tokaido : Le Fuji, tout bleu, fouetté de blanc, s'élevant au-dessus des collines vertes au dos du village, et une grande jonque au premier plan.

126. — « Senju ». Le Fuji, vu de Senju, à travers la ville des Fleurs (Yoshiwara). Au premier plan, une procession d'hommes portant des mousquets dans des étuis rouges.

127. — « Toto Asakusa Hongwan-ji ». Fuji, vu du temple bouddhique, de la secte Monto, Hongwan-ji à Osaka, dont quelques hommes réparent le toit ; se détachant, sur le fond, la construction des pompiers et un cerf-volant.

128. — « Sen pu Kai Sei ». Une belle journée et un bon vent du sud sur les flancs du Fuji, la partie inférieure boisée, la partie supérieure rouge, et le sommet couvert de glaciers. Dans le ciel, des grands nuages blancs (voir Reproduction, planche n° **22**).

129. — « Yama shita Shiro ame ». L'orage au bas de la montagne. L'éclair illuminant le pic couvert de neige ; la partie inférieure restant sombre, sauf la zébrure de la foudre.

Série des Ponts.

130. F. largeur. « Kozuke, Sano, Funa bashi Fuyu ». Le Pont de bateaux à Sano, province de Kozuke. Paysage de neige ; le pont, faisant la boucle, emporté par la violence du courant (voir Reproduction, planche n° **22**).

131. — « Tokaido, Okazaki, Yahagi no bashi ». Le Pont Yahagi. à Okazaki, sur la route du Tokaido. Un pont formant arc de cercle très élevé, sur la rivière, à moitié desséchée, où des archers s'exercent.

Série des Cascades.

132. F. hauteur « Kirifuri no taki ». La chute Kirifuri, ou de « la rosée qui tombe » dans les monts Kurokami, province de Shimotsuke — belle cascade à nombreux bras — admirée par quelques hommes se reposant à son pied, d'autres s'élevant dans les rochers, sur la droite.

133. — « Kiyo taki ». La Chute Kiyo, ou la Cascade Pure, près du reliquaire de la Kwannon de Sakanoshita, sur le Tokaido — une gorge étroite à plusieurs bras — deux maisonnettes pointant au bas, des hommes montant un escalier sur la droite — un pèlerin en dévotion devant l'autel de la Divinité.

134. — « Aoiga oka no taki ». La chute Aoiga, dans la province de Yedo ; l'eau s'écoulant d'une grande nappe d'eau couverte de nénuphars — un porteur se reposant et s'épongeant le front, d'autres se dirigeant vers une maison, sur la gauche.

135. — « Soshu, Oyama. Roben no taki ». La chute Roben (nom du fondateur du temple de Todaji) à Oyama, dans la province de Soshu — la nappe d'eau tombant dans un bassin où se baignent plusieurs hommes.

136. — « Mino, Yoro no taki ». La chute Yoro, dans la province de Mino — le courant tombant droit, derrière un rocher, sur lequel est juchée une hutte où se reposent quelques voyageurs.

Série des 100 *poètes* « Hiakunin isshu Ubagawa Yetoki ».

137. F. largeur. Poème par « Minamoto no Muneyuki ». Scène d'hiver : des hommes, près d'une hutte couverte de neige, se réchauffant à un grand feu de bois — la pensée du poète étant que la solitude est plus grande quand les amis sont absents et que la terre est sans verdure.

138. — Deux planches des « Trois amis du Poète ».

Série du Shika-sha-shin kyo.

139. F. hachirakaki. « Harumachi no Tsuraki ». Le poète traverse un pont au-dessus d'un courant tumultueux, près d'un haut rocher, regardant le paysage où une montagne au loin joue avec les derniers rayons du soleil couchant (voir Reproduction, planche n° 23).

140. F. hachirakaki. « Ariwara no Narihira ». Scène au clair de la lune, au bord d'une petite nappe d'eau, où une femme et un enfant battent du linge; quelques oies sauvages sur l'eau; d'autres fuyant à tire d'ailes vers leur gîte préféré, sous le calme du ciel bleu et la douce tonalité de la scène (voir Reproduction, planche n° 23).

141. — « Towka Daijin ». Le Poète noble, portant son éventail de cour sur son épaule, accompagné de son porteur de sabre, regarde, heureux présage, le croissant de la lune au troisième jour (voir Reproduction, planche n° 23).

142. — « Tokusa kari ». La récolte du Tokusa, varech employé dans le temps, pour la fabrication du papier. Un vieux paysan, retournant chez lui, après le labeur de la journée, passant au-dessus d'un ruisseau rapide où papotent des oies.

La pleine lune, au ciel, éclaire les nuances dorées des feuillages d'automne, derrière les touffes de tokusa en accentuant le léger brouillard qui s'élève.

C'est l'heure exquise (voir Reproduction, planche n° 23).

Les Fleurs.

143. F. largeur. Les pivoines et les papillons (voir Reproduction, planche n° 24).

Sourimonos.

144. Un sourimono en largeur représentant une famille de tortues dans les rochers (voir Reproduction, planche n° 18).

145. Sourim. larg. Fleurs jetées dans une coupe.

146. — Fleurs et kakémonos.

147. — Des archers s'exerçant au tir.

148. — Scène d'intérieur.

TAITO (Katsuchika)

(vers 1816-1853)

149. Form. haut. Oiran en promenade.

Signée : Kast-Tasto.

150. Form. haut. Pont sur les rochers au clair de la lune.

Même signature.

HOKUJIU (Shotei)

(vers 1820-1830)

151. Form. larg. Barques à voile quittant la Sumida (voir Reproduction, planche n° 22).

Signée : Hokujiu.

KUNIYOSHI (Utagawa)

(1797-1861)

152. F. étroit haut. Acteur couvert d'une peau de buffle se mirant dans l'eau.

Signée : Kouniyoshi.

153. — Femme en barque, sous la pluie.

Même signature.

154. — Kintoki attrapant une carpe remontant la cascade.

Signé : Itchiyusai Kuniyoshi.

155. Triptyque. La pêcheuse de perles sacrées poursuivie par un grand dragon escorté de poissons (voir Reproduction, planche n° 25).

Signée : Kouniyo.

156. Tript. f. haut. Fudo sous la cascade.

Signée : Itchiyusai Kouniyoshi.

HIROSHIGE (Ichiryusaï)

(1796-1858)

157. Form. haut. Poule faisanne sur un rocher.

Signée : Hiroshigé.

158. — Oiseaux et camélias.

Même signature.

159. — Coucous et glycine.

Même signature.

160. Form. haut. Capucins dans la verdure.
Même signature.

161. — Oiseaux au-dessus des flots.
Même signature.

162. Form. larg. Carpe nageant.
Même signature.

163. — Yoshitsune et les tengous.
Même signature.

164. — Iris et martins-pêcheurs.
Même signature.

165. Form. haut. Série complète des six Tamagava.
Même signature.

166. — Trois planches de « Toto Meisho ».
Même signature.

167. — Singe en habit rouge sur son perchoir.
Même signature.

168. F. Kakemonoye. L'hiver dans la montagne. Sous la neige profonde, au pied d'un pic gigantesque, un pont rustique surmonte un torrent dont les eaux bleues coulent au fond d'une gorge abrupte (voir Reproduction, planche n° 11).
Signée : Hiroshige.

169. Form. larg. Omi Hakkeï (huit vues).
Signées : Shigenobou.

169 *bis.* — F. Kakemonoye. Le quartier d'Asak'sa sous la bourrasque (voir Reproduction, planche n° 3).
Signée : Hiroshige.

KUNINAO (Utagawa)

(vers 1825)

170. Form. larg. Deux carpes nageant.
Signée : Kuninao.

KEISAI (Yeisen)

(1789-1848)

171. Form. larg. Une carpe nageant près du reflet de la lune.
Signée : Keisaï.

172. Gr. f. larg. Paysage représentant le temple de Miyachiwa.

Signée : Keisai.

KUNIMASSA

(XIXe siècle)

173. Form. haut. Buste de lutteur. Cachet Hayashi.

Signée : Kunimassa.

SUKEI

(XIXe siècle)

174. G. sourimono larg. Rizière au pied du mont Fuji.

SENTCHO

175. F. Nagaye. Jeune homme tenant un faucon (voir Reproduction, planche n° 9).

Signée : Sentcho.

TOGA

176. F. Nagaye. Jeune femme assise s'éventant (voir Reproduction, planche n° 10).

Signée : Toga.

Inconnu

177. Form. haut. Personnage hollandais fumant, suivi d'un porte-parasol (voir Reproduction, planche n° **26**).

178. — Dame hollandaise costumée en bergère (voir Reproduction, planche n° **26**).

Produit 22.920 francs

ÉVREUX, IMPRIMERIE CH. HÉRISSEY, PAUL HÉRISSEY, SUCC^r

Pl. n° 1.

N° 8.

N° 18.

N° 6.

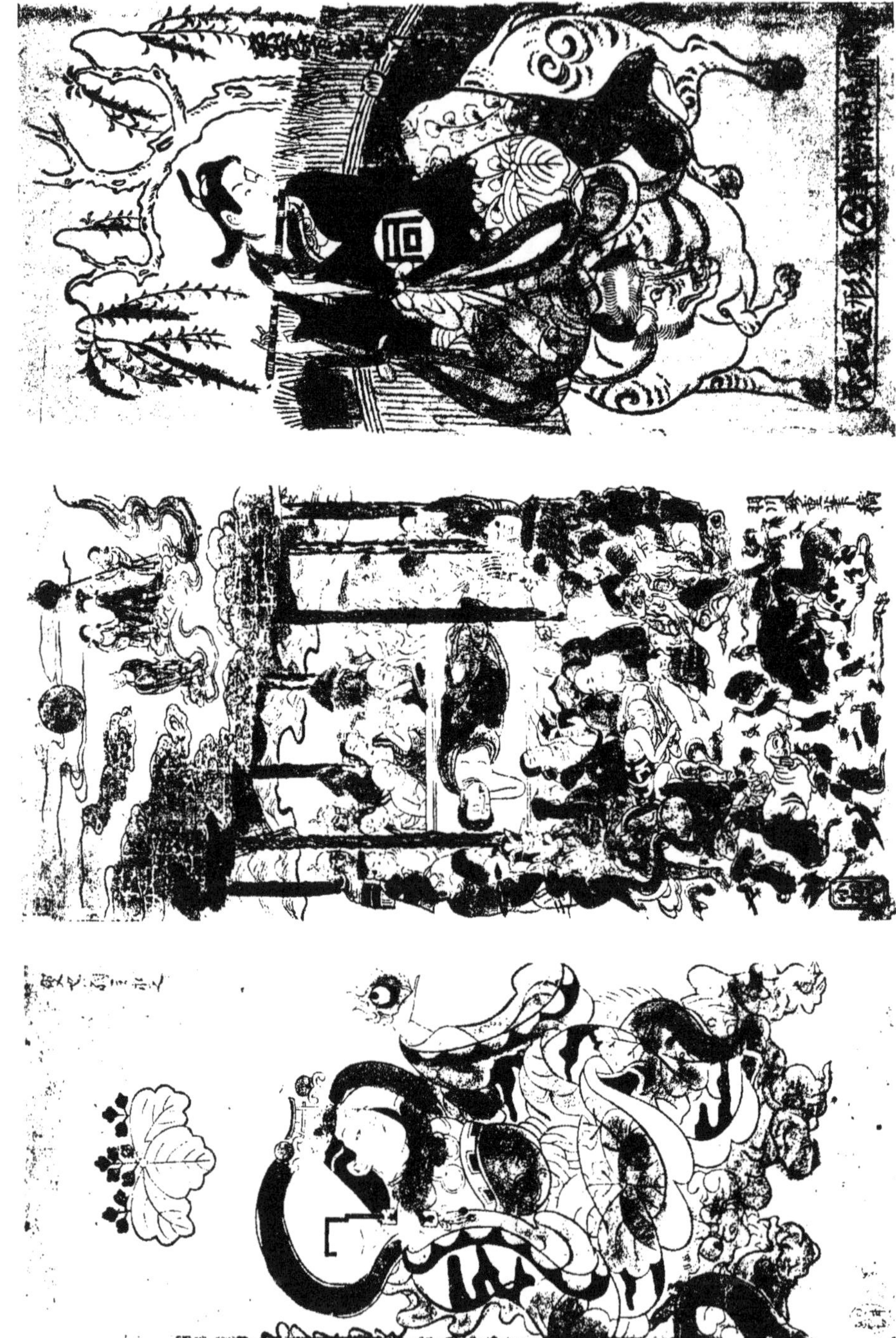

Pl. nº 2.

Nº 40.

Nº 95.

Nº 11.

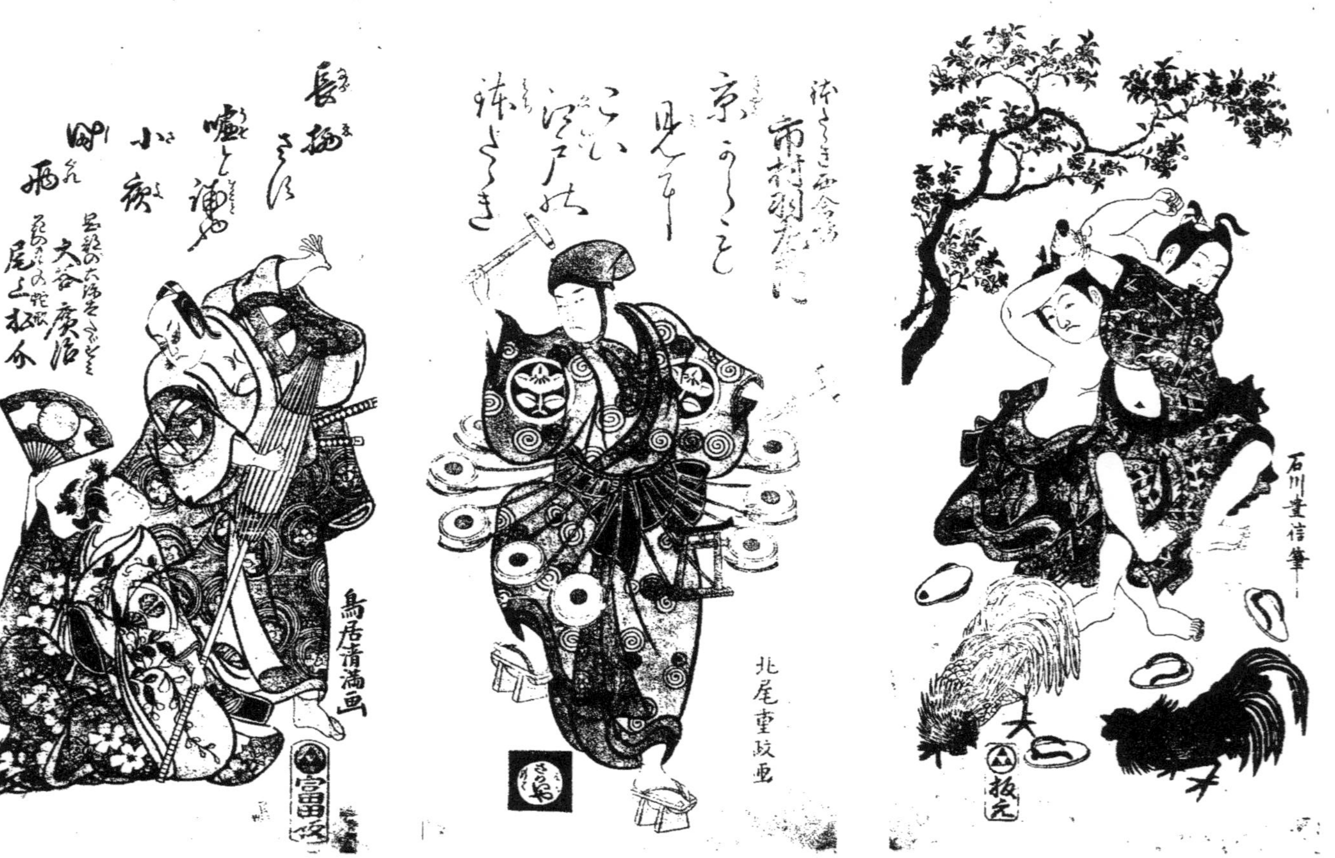
石川豊信筆
板元
北尾重政画
大谷廣治
尾上松介
鳥居清満画
富田屋

Pl. n° 3.

N° 24.

N° 169 *bis*.

N° 14.

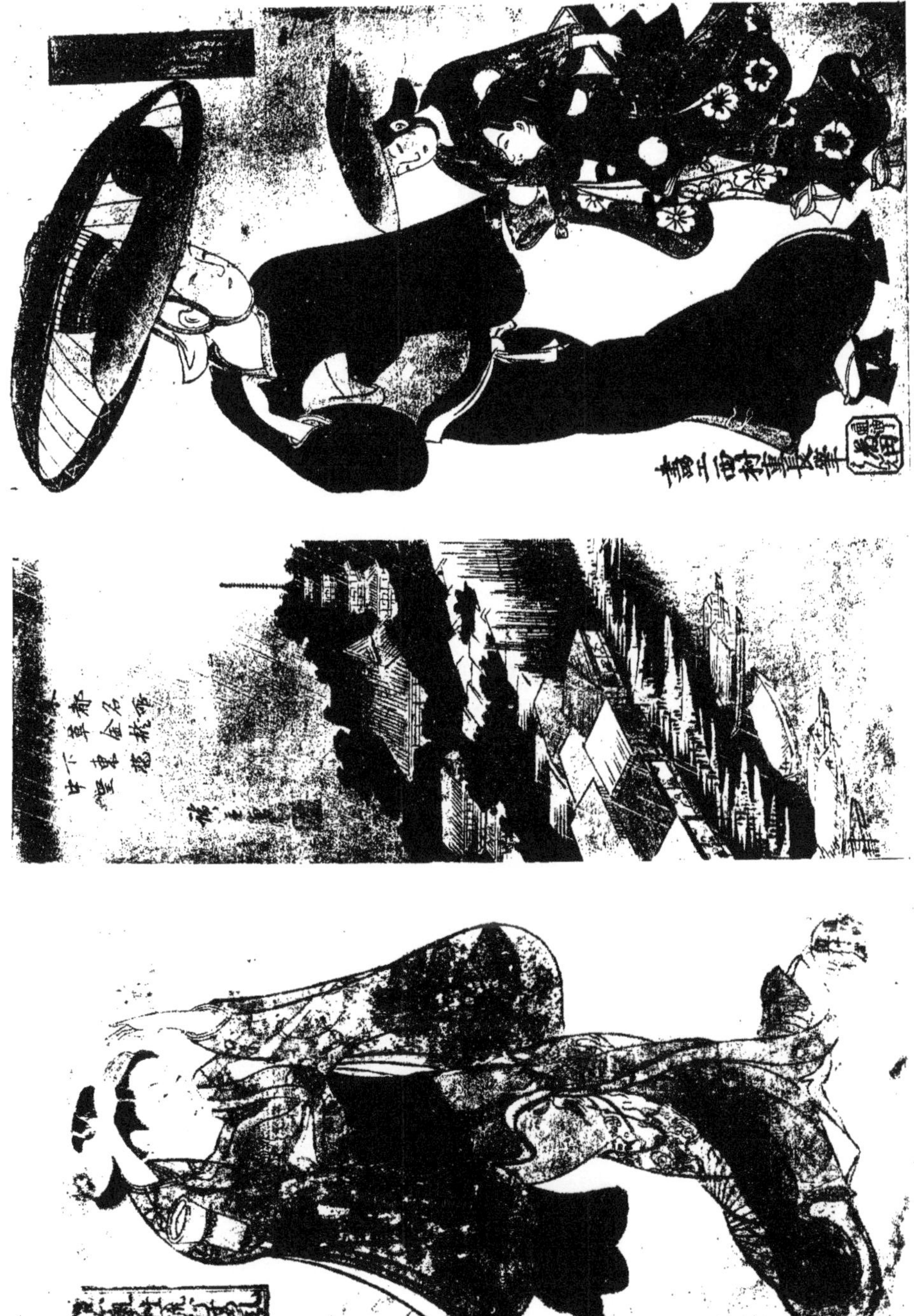

Pl. n° 4.

N° 41.

N° 64.

N° 10.

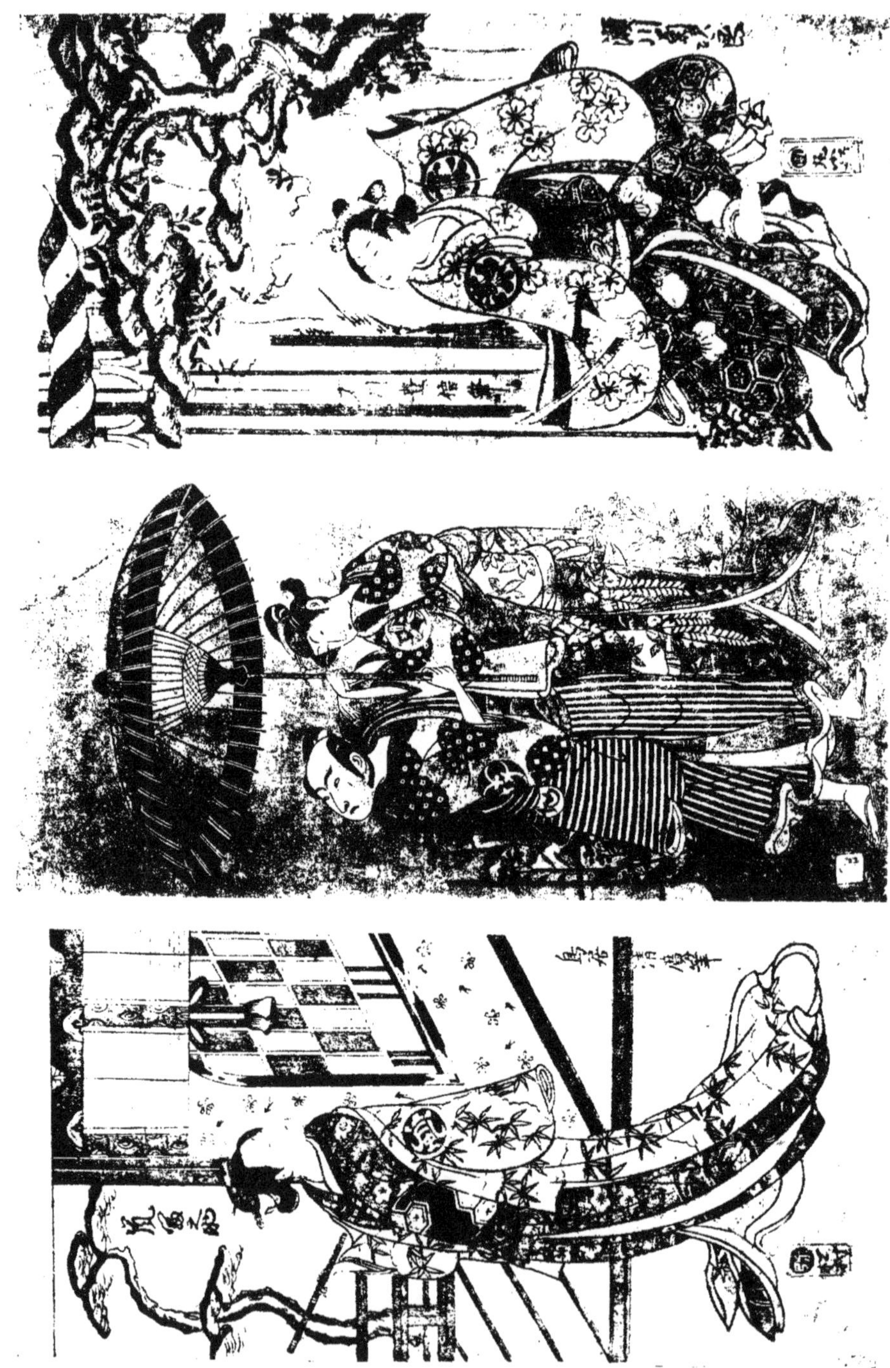

Pl. n° 5.

N° 33.

N° 34.

N° 37.

N° 35.

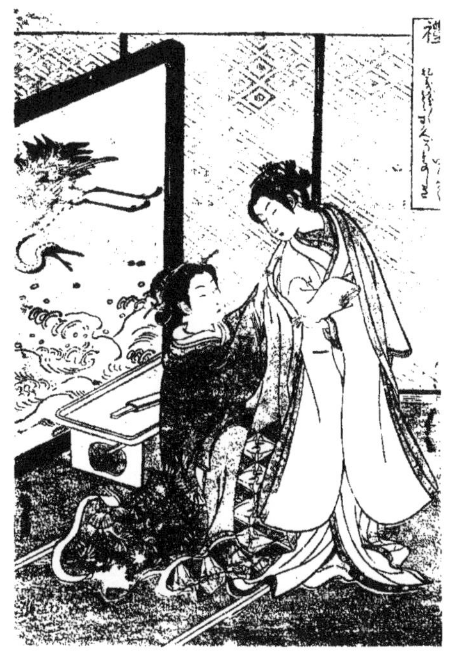

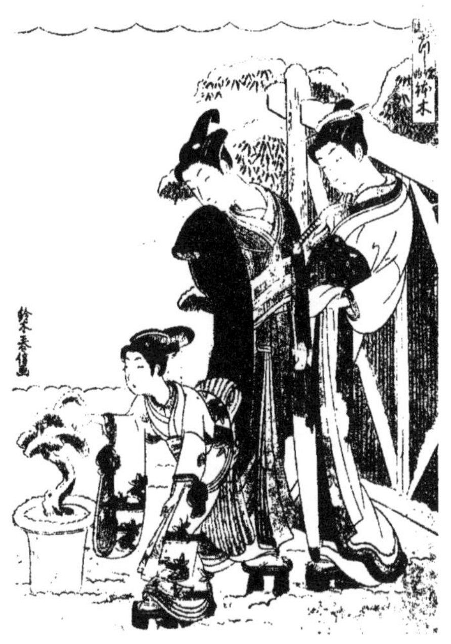
鈴木春信画

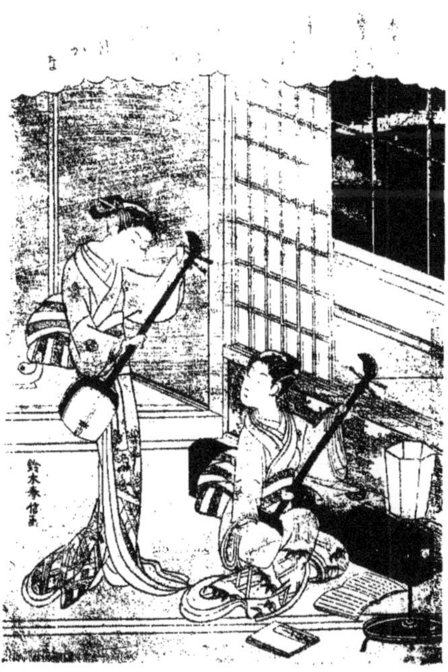
鈴木春信画

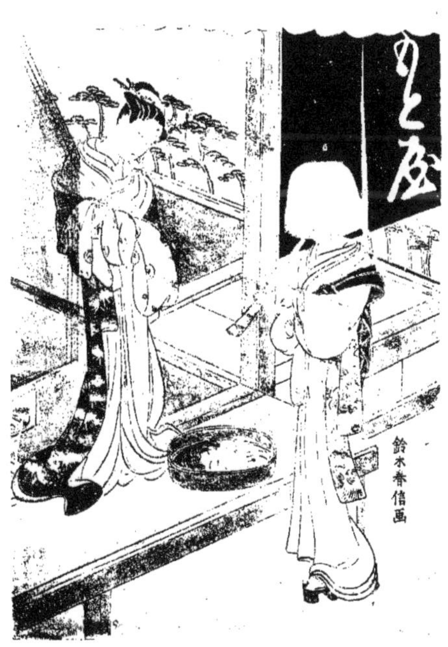
鈴木春信画

Pl. n° 6.

N° 47. N° 30. N° 46.

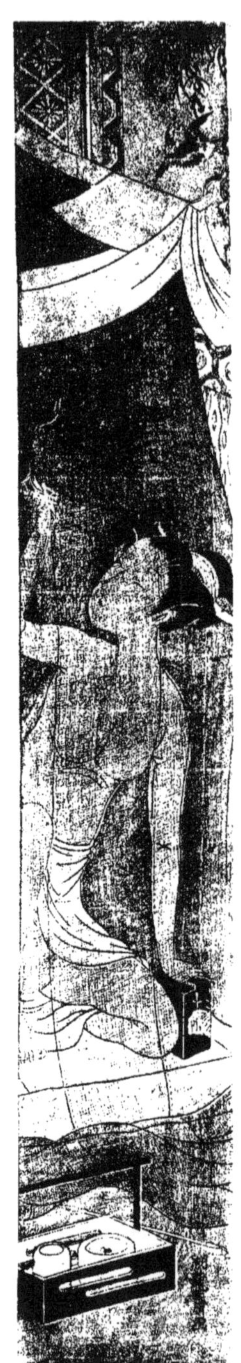

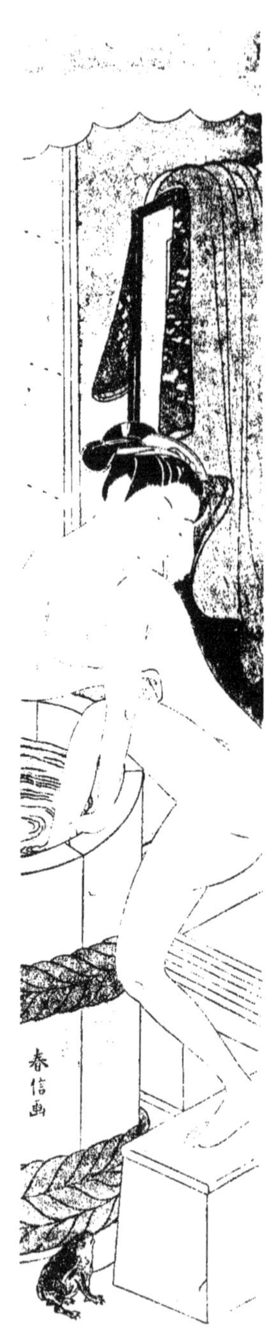
春信画

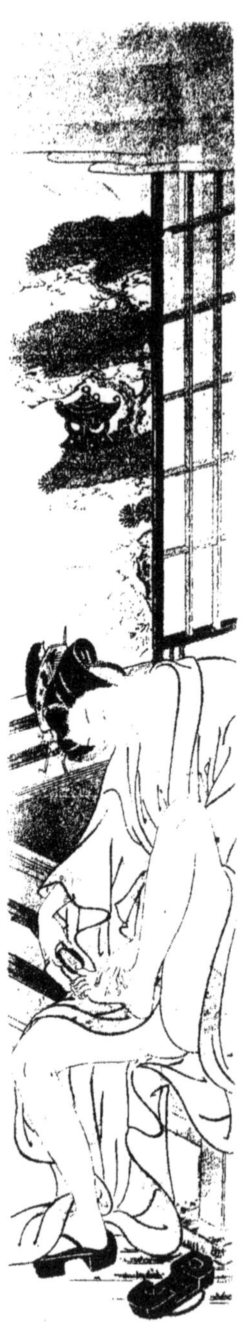

Pl. n° 8.

N° 58.

N° 56.

N° 54.

N° 57.

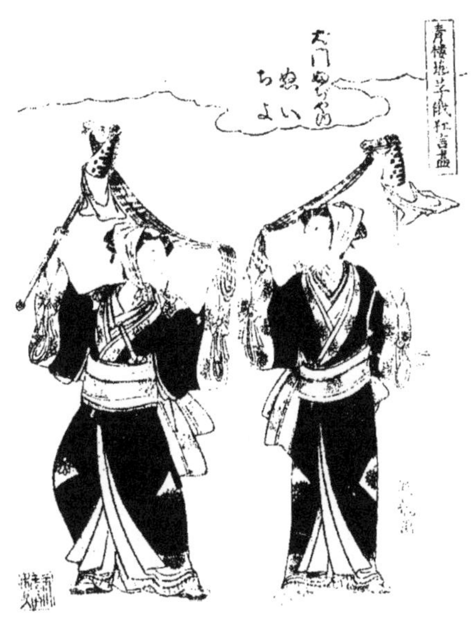

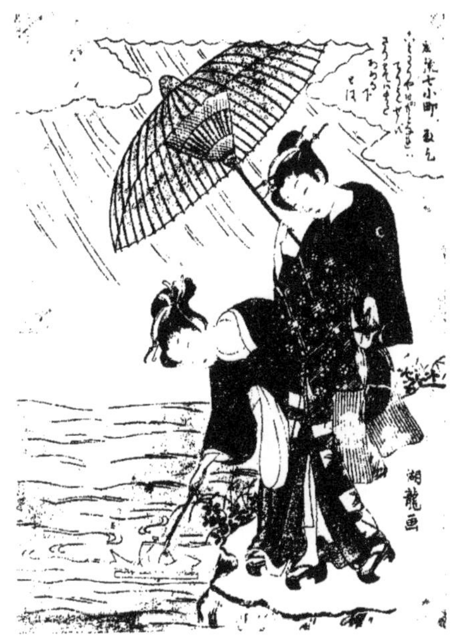

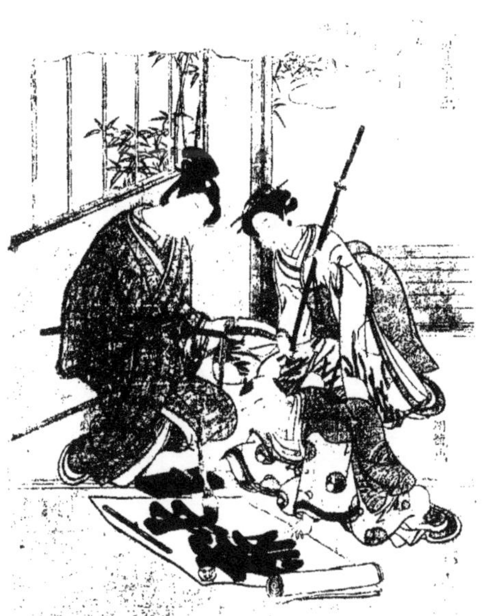

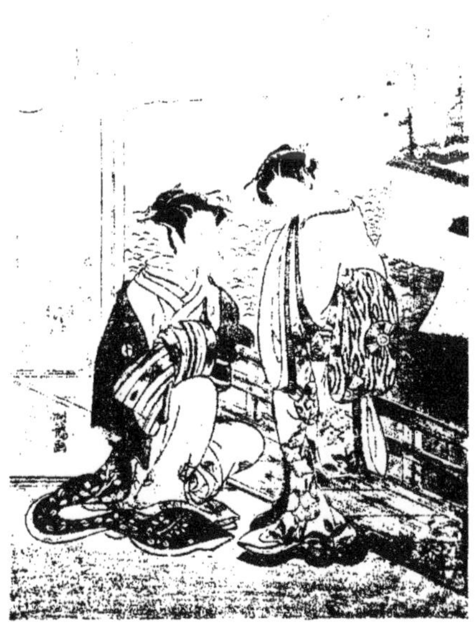

Pl. n° 9.

N° 29. N° 175. N° 68.

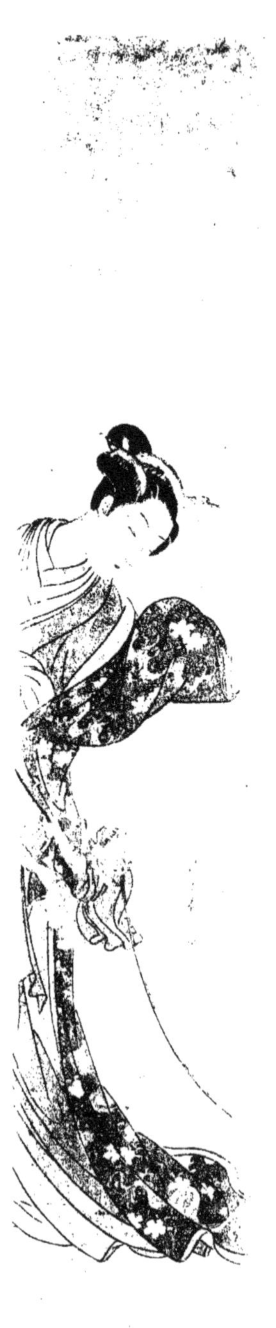

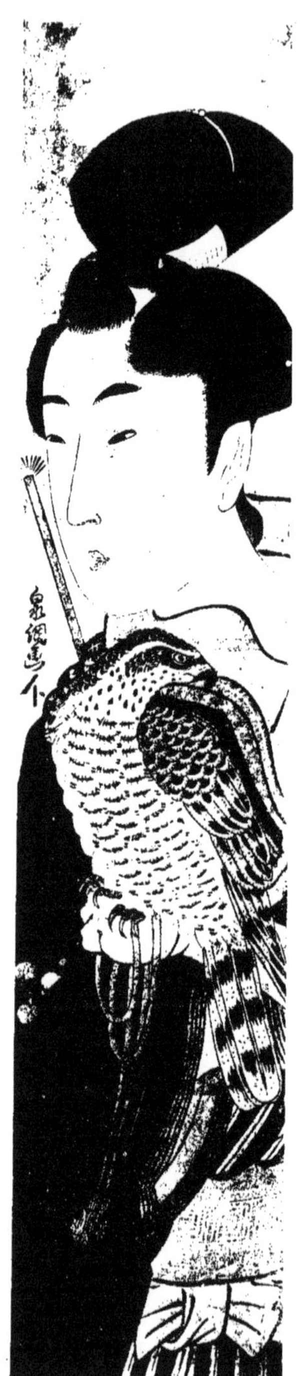

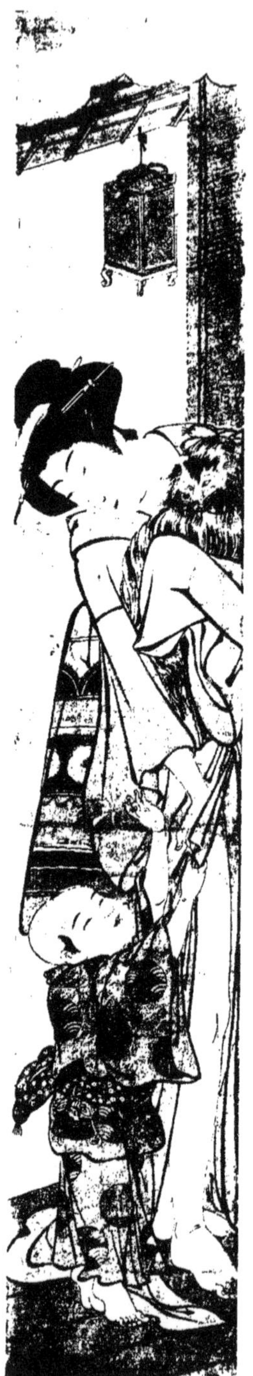

Pl. nº 10.

Nº 69.

Nº 42.

Nº 176.

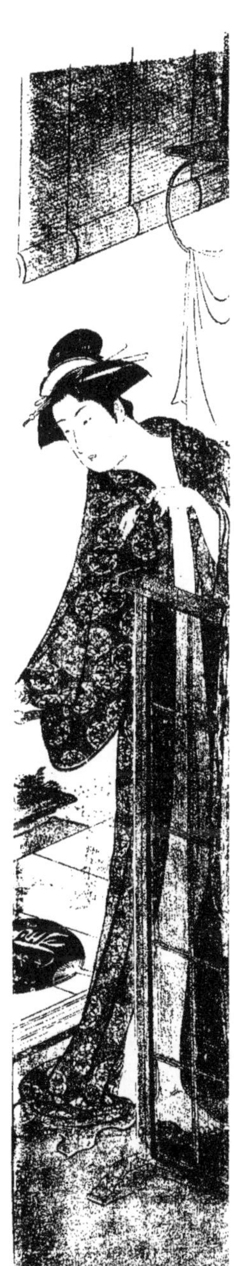

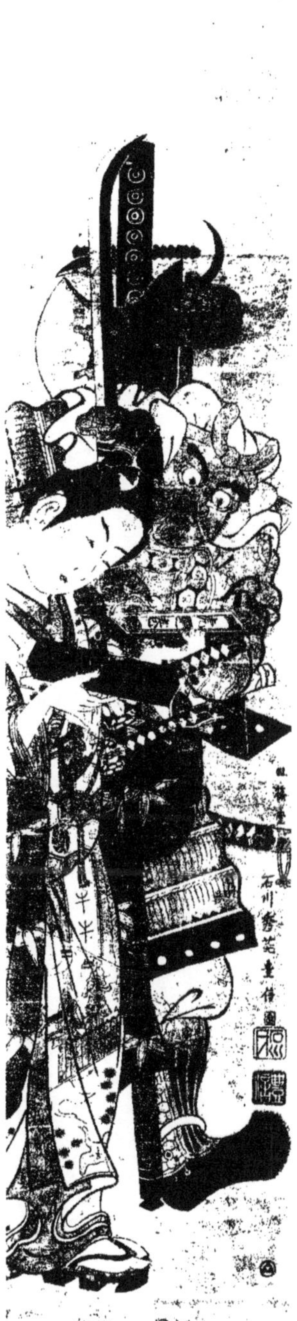

石川秀葩豊信画

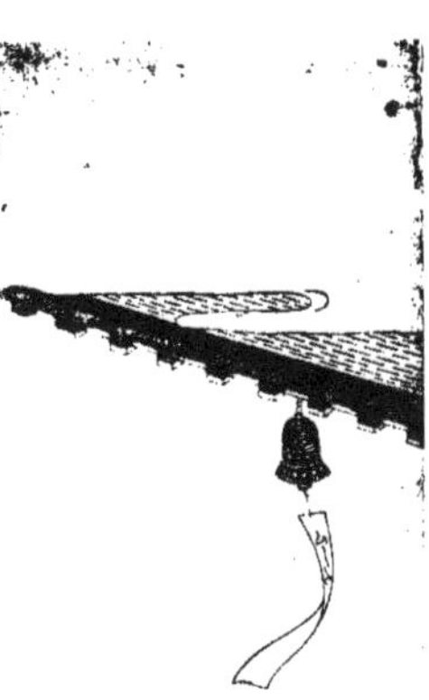

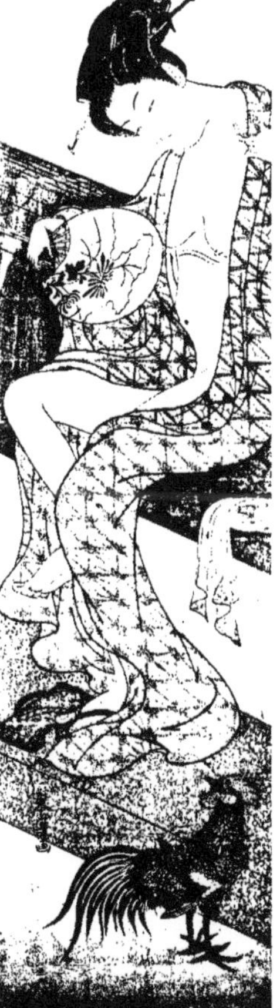

Pl. n° 11.

N° 67.

N° 168.

N° 74.

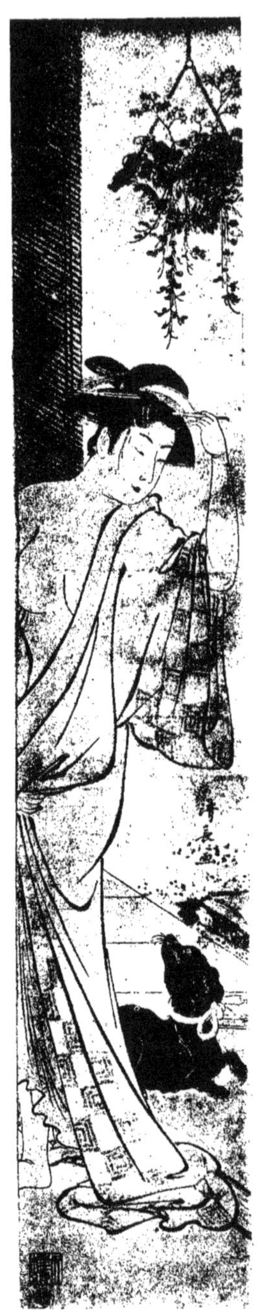
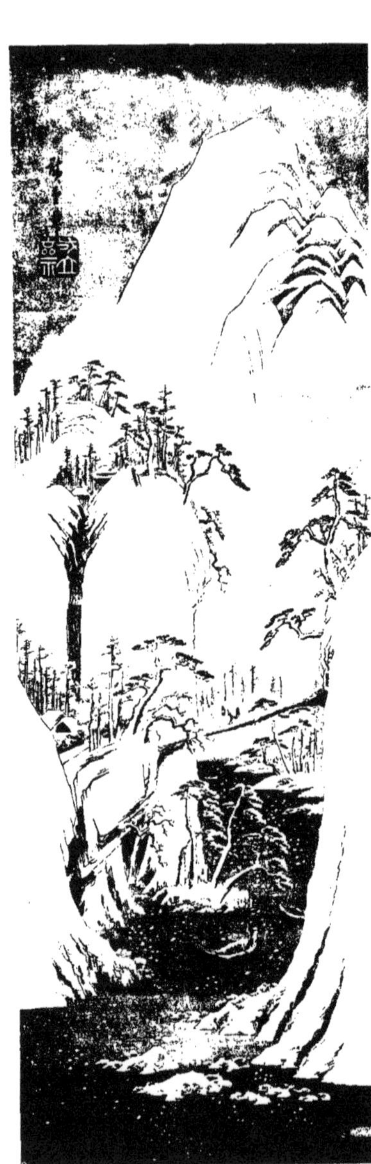
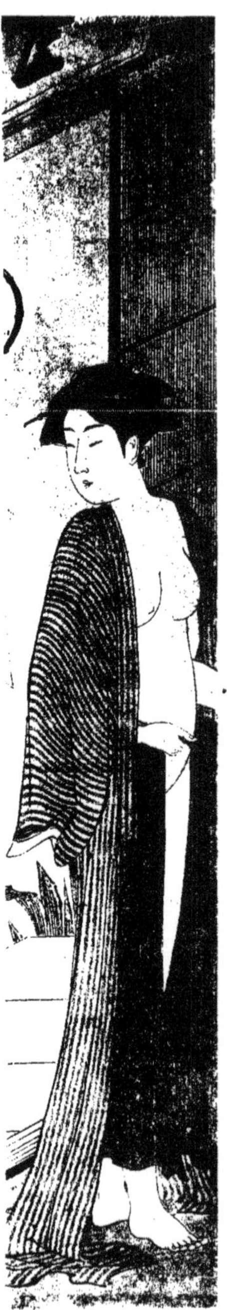

Pl. n° 12.

N° 100.

N° 70.

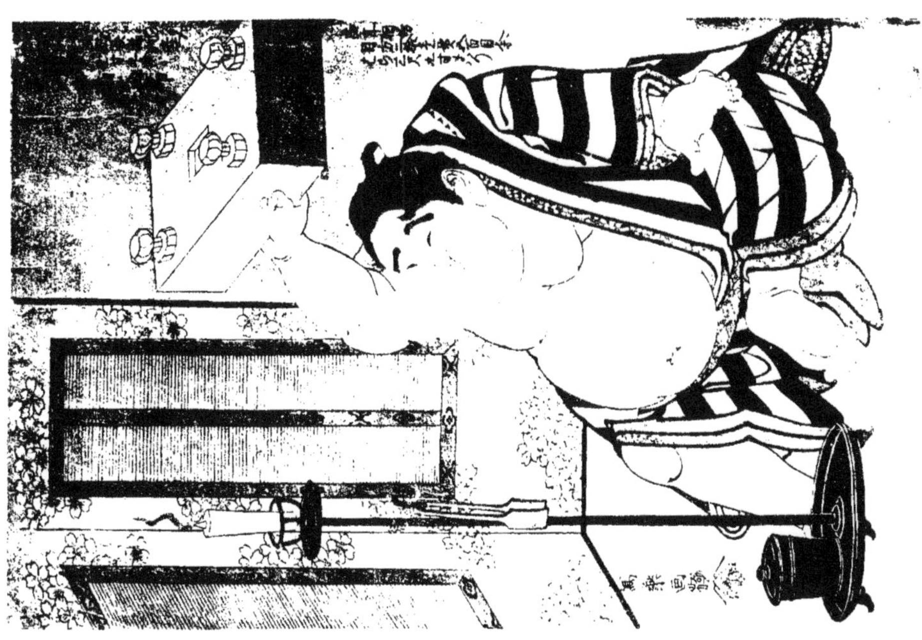

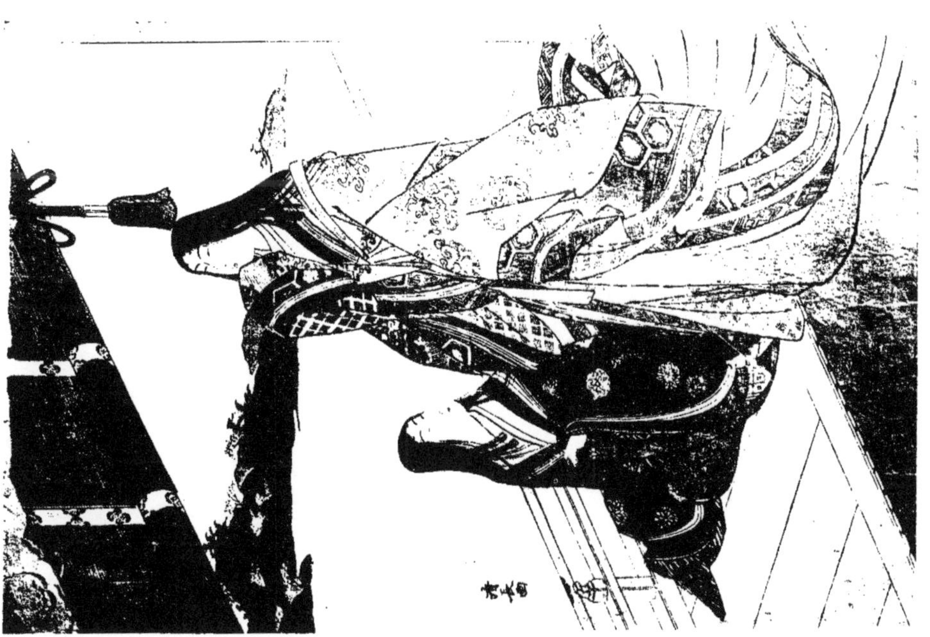

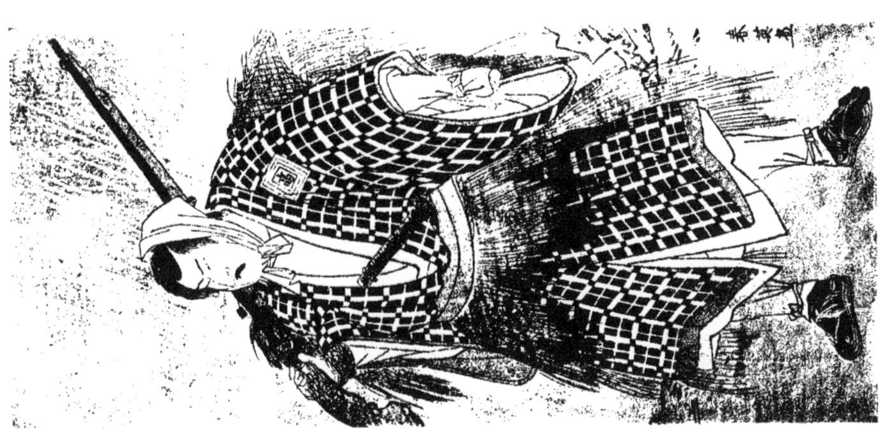

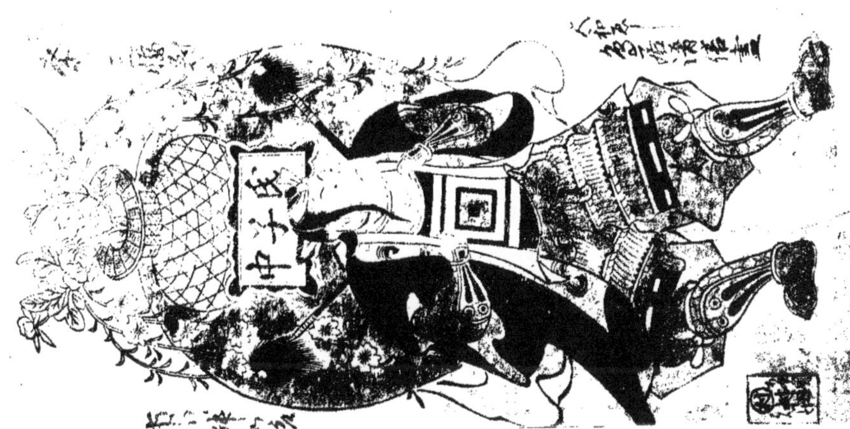

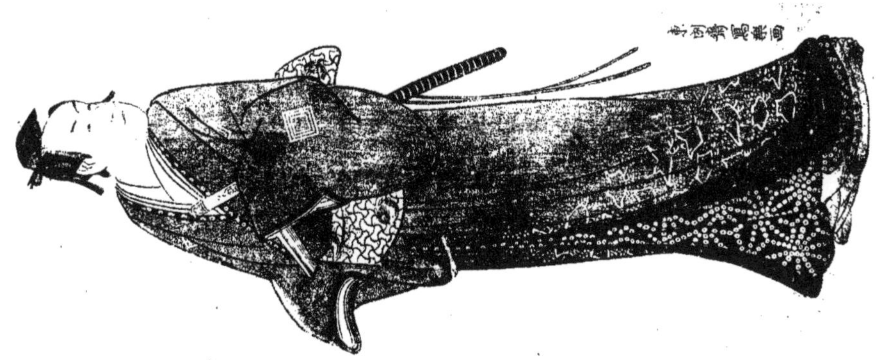

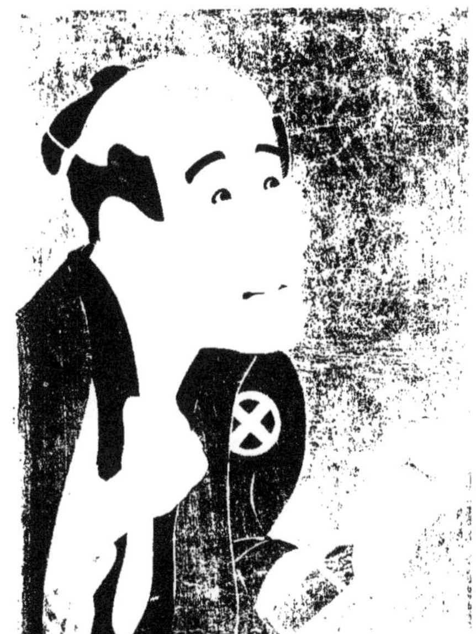

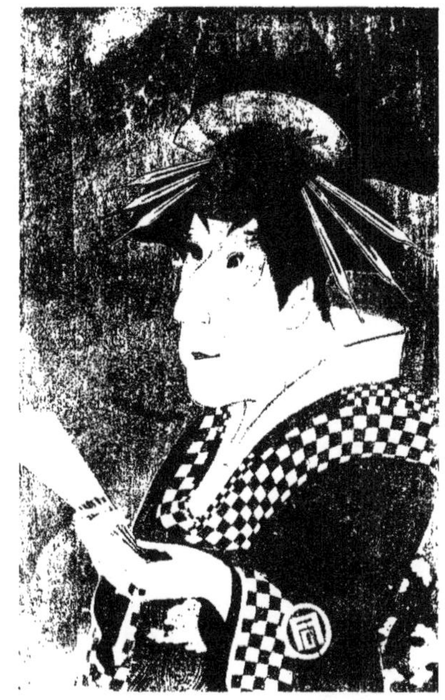

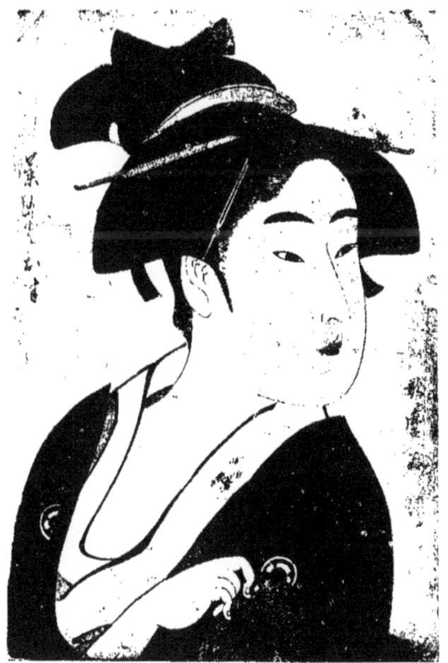

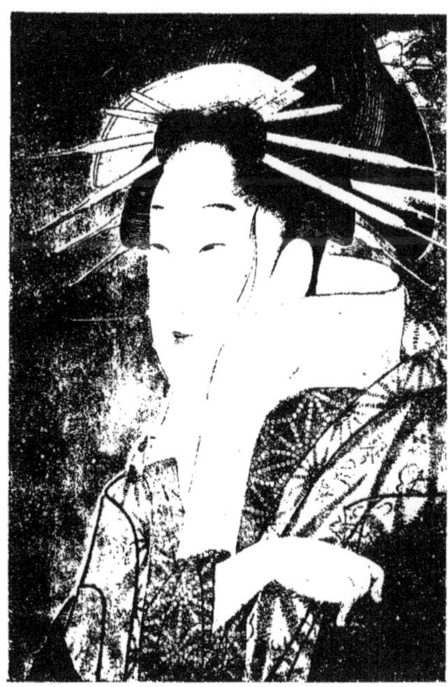

Pl. n° 15.

N° 111.

N° 60.

N° 105.

N° 114.

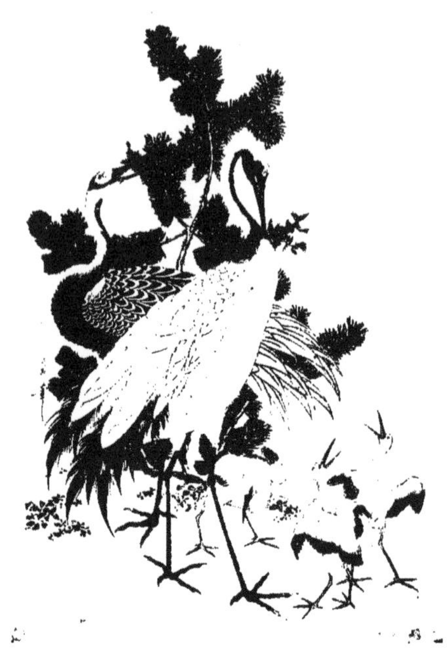

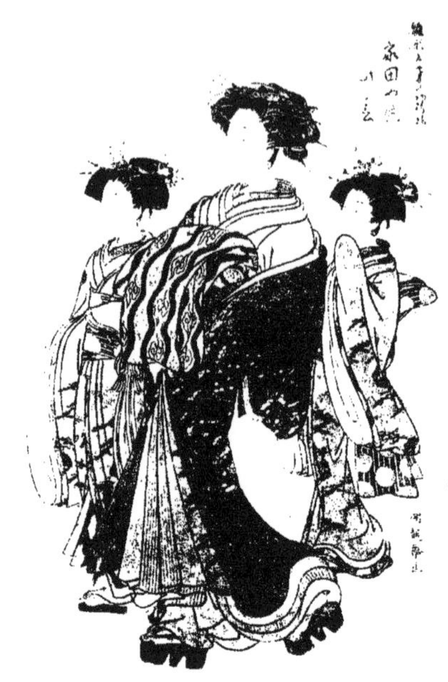

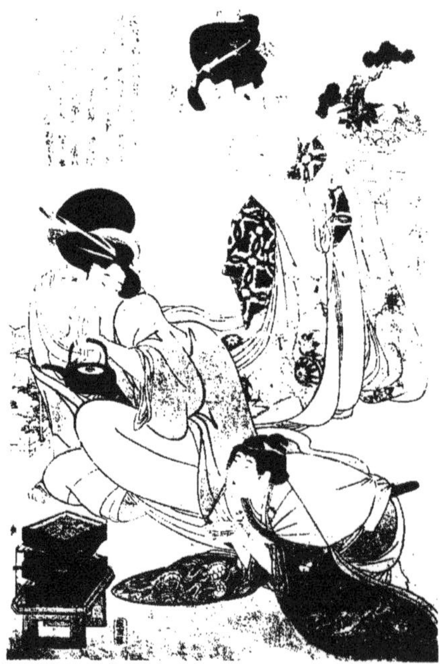

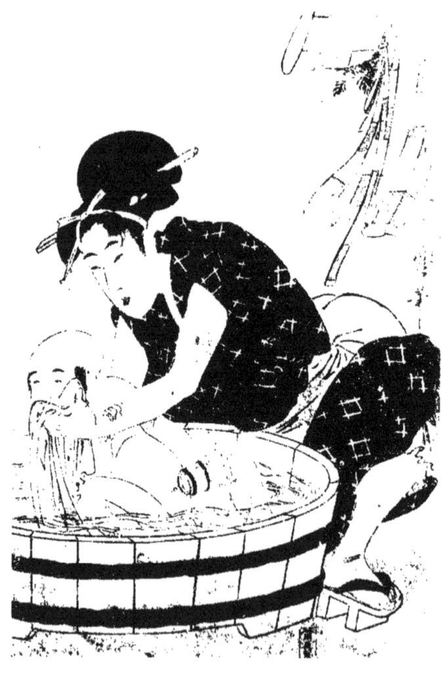

Pl. n° 16.

N° 114 *bis*

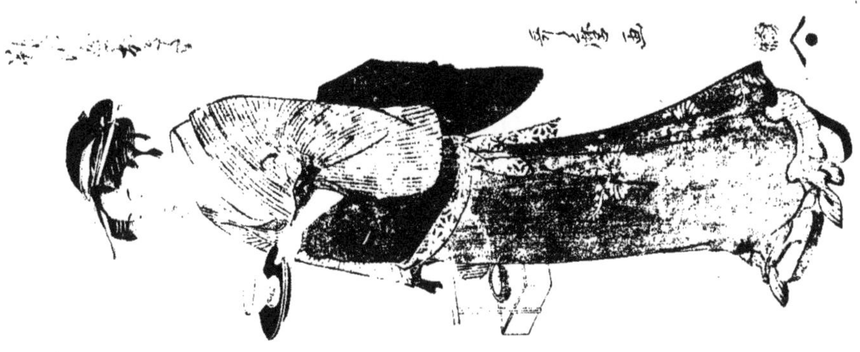

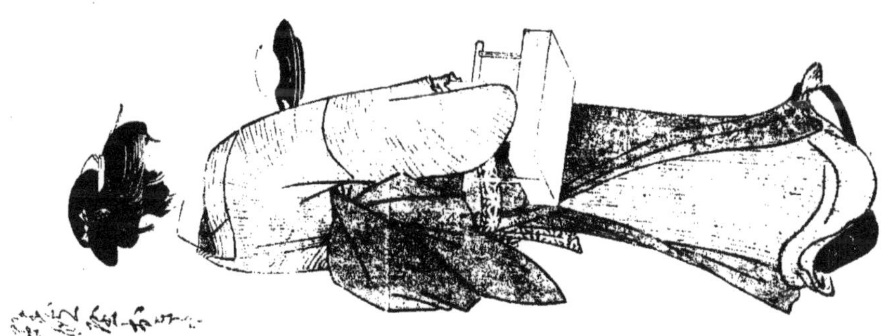

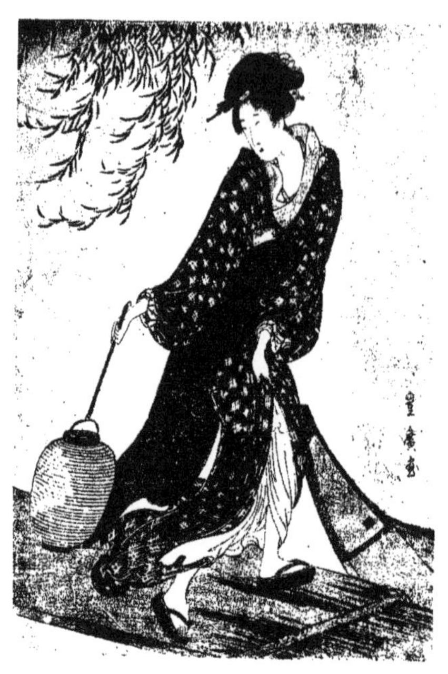

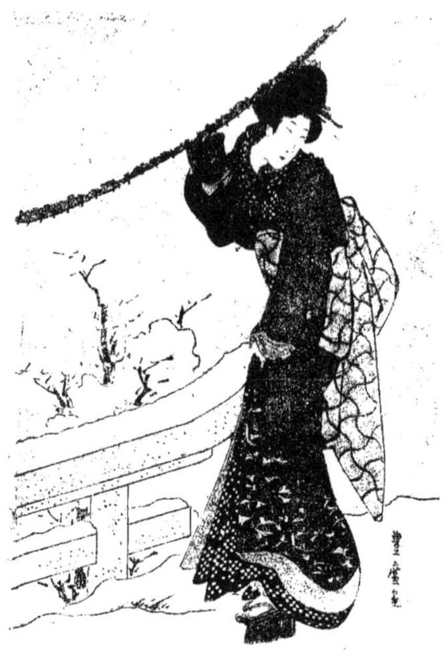

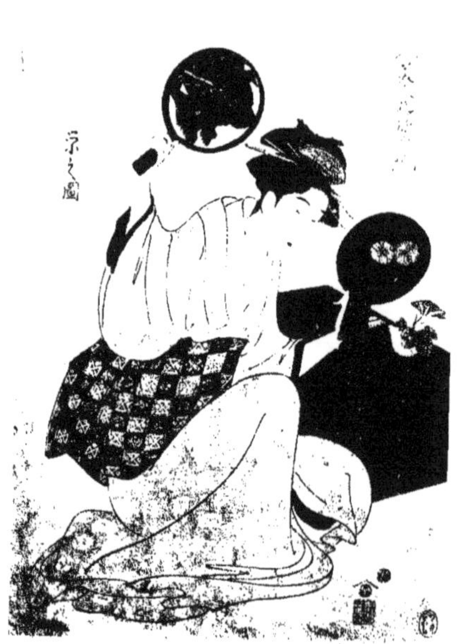

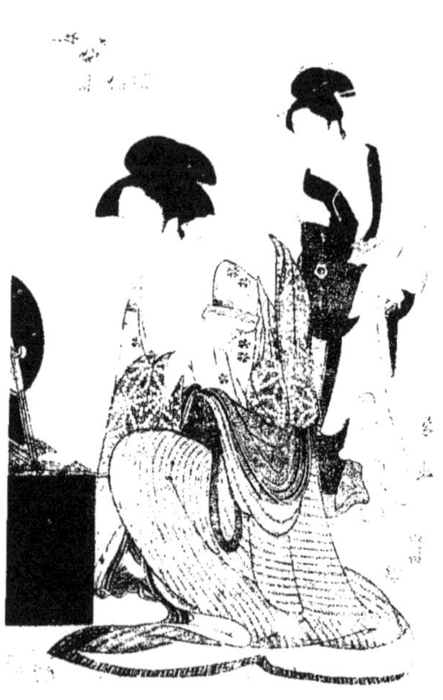

Pl. nº 18.

Nº 107.

Nº 110.

Nº 144.

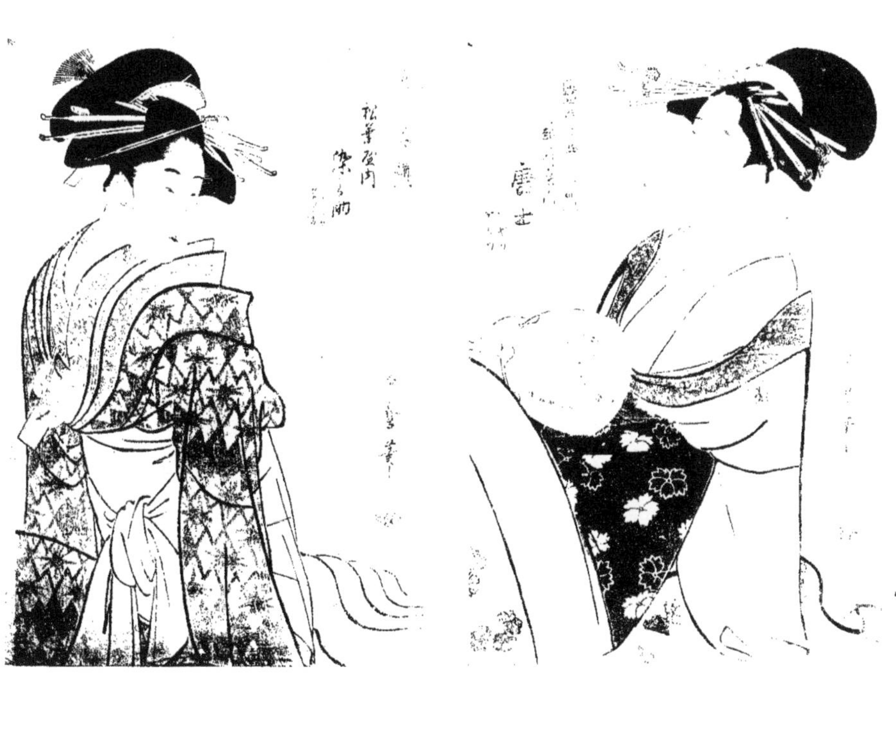

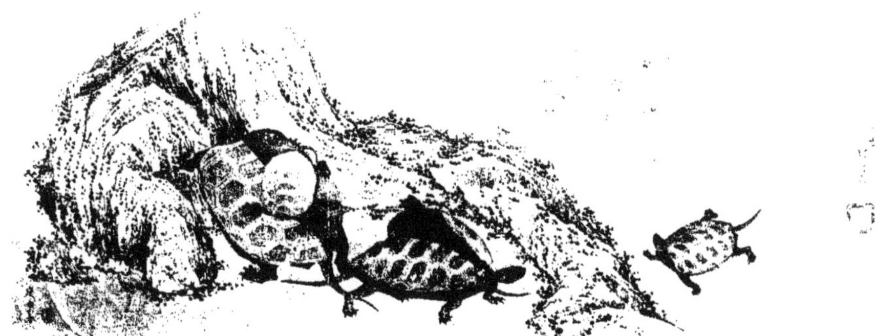

Pl. nº 19.

Nº 116.

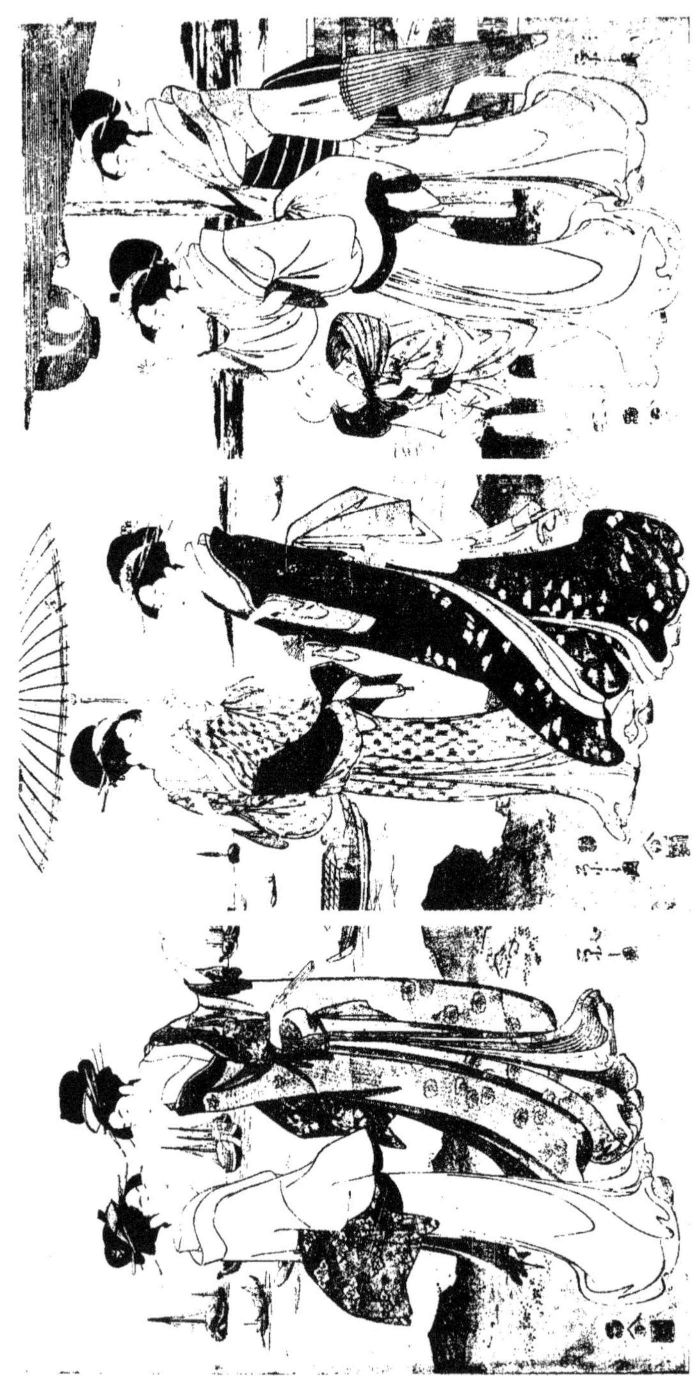

Pl. n° 20.

N° 122.

N° 122 *bis.*

N° 16.

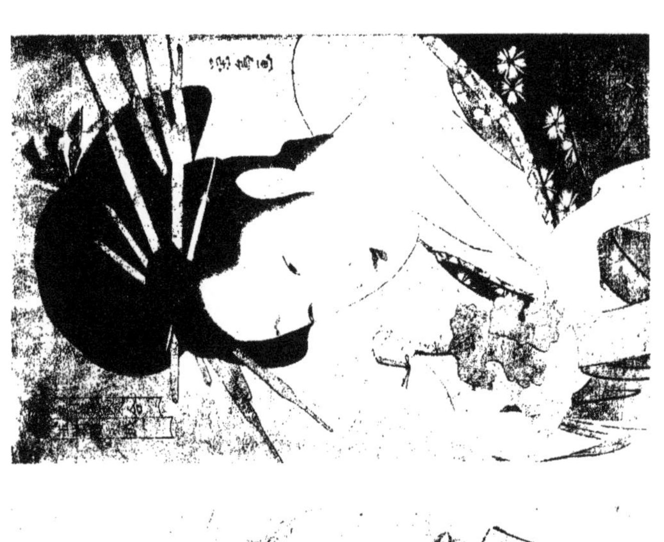

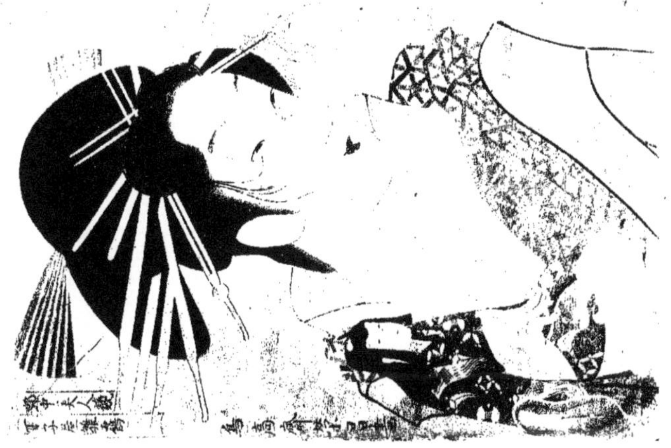

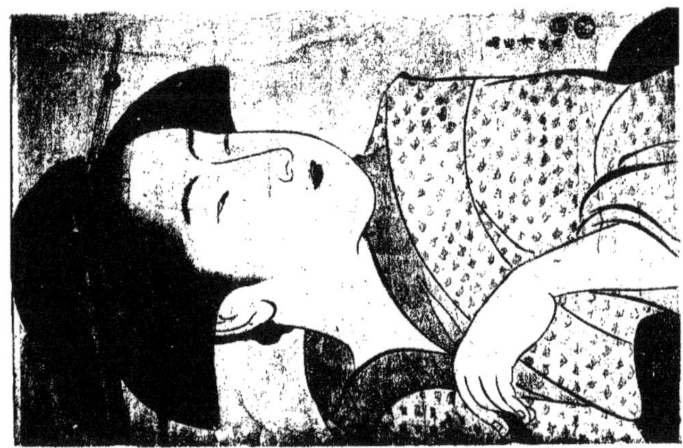

Pl. n° 21.

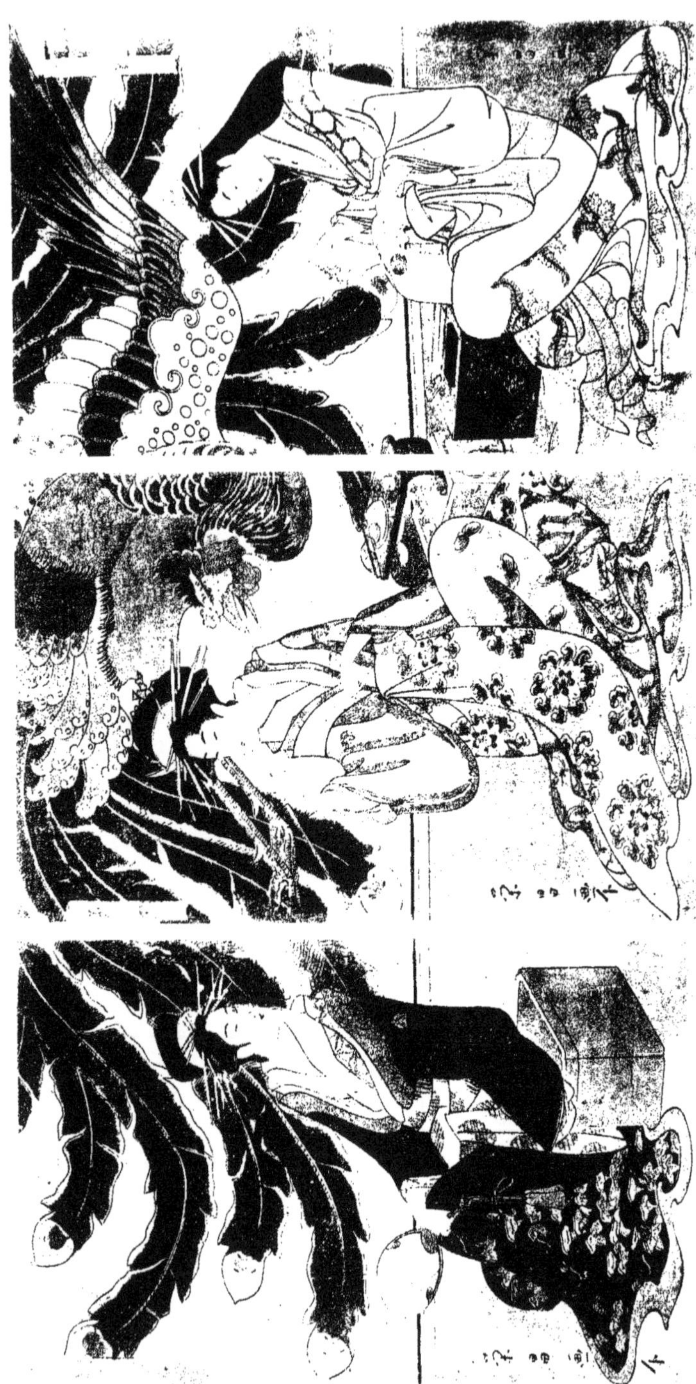

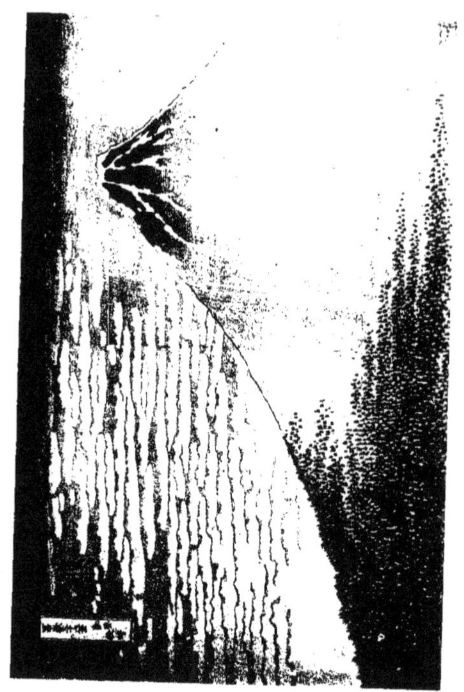

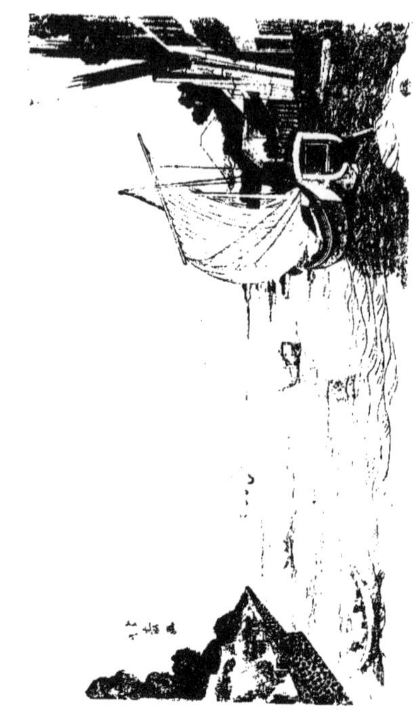

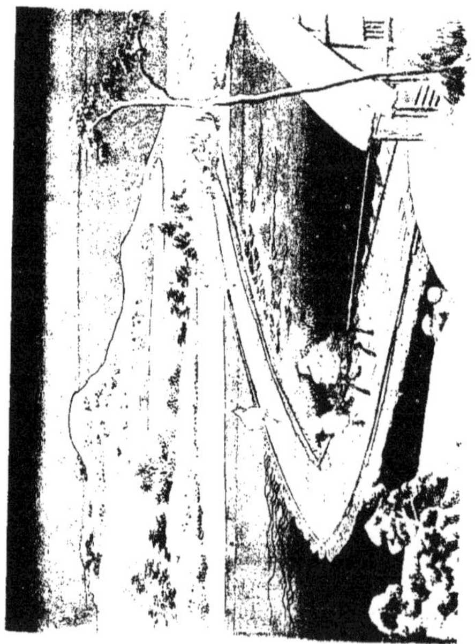

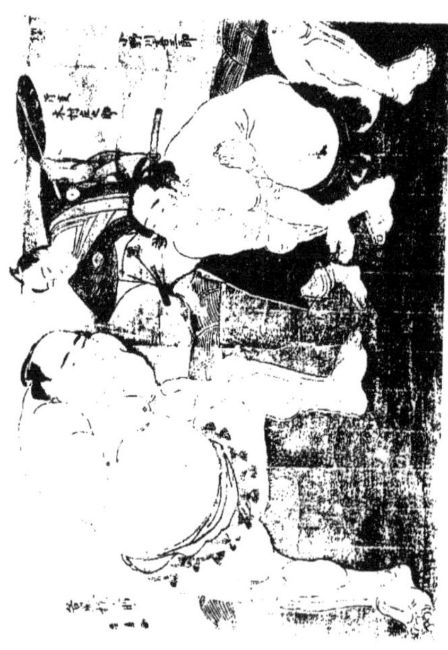

Pl. n° 23.

N° 142.

N° 139.

N° 141.

N° 140.

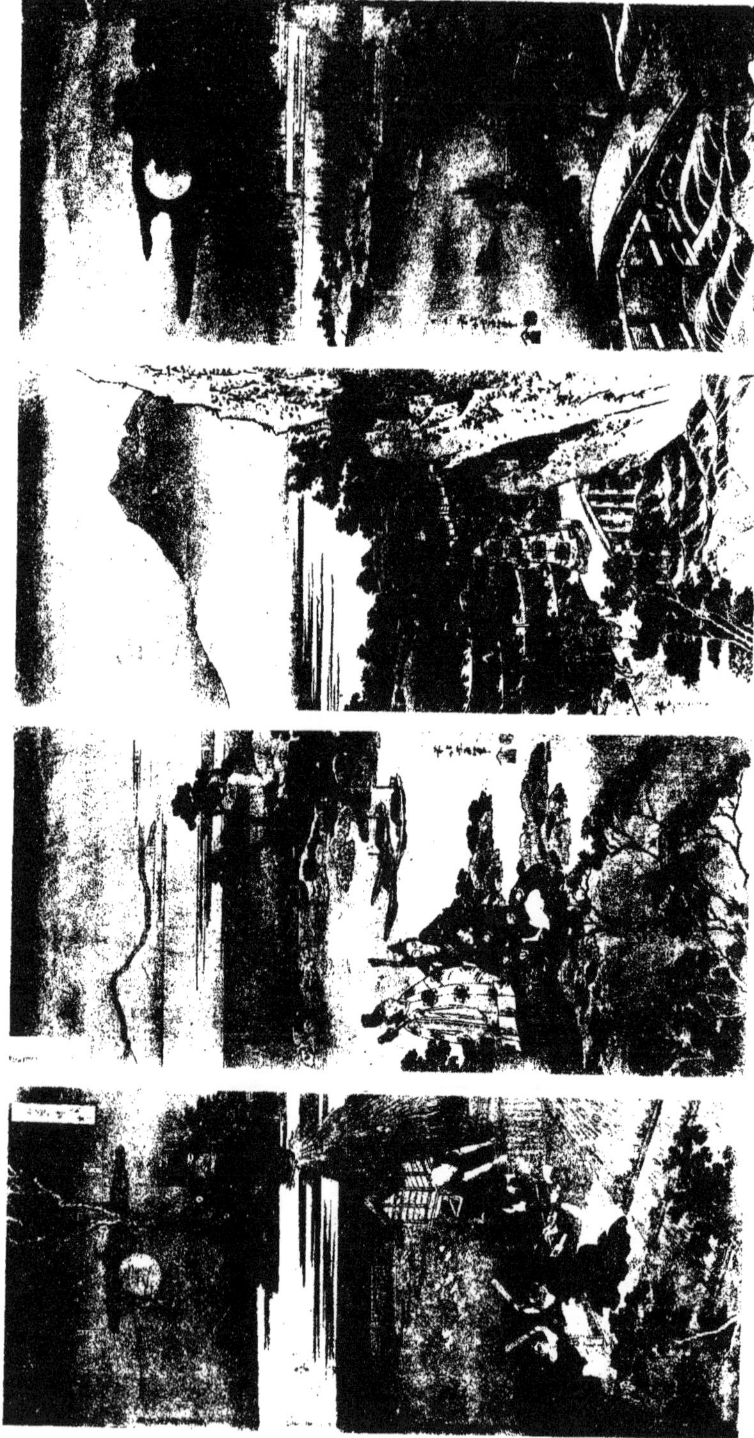

Pl. n° 24.

N° 143.

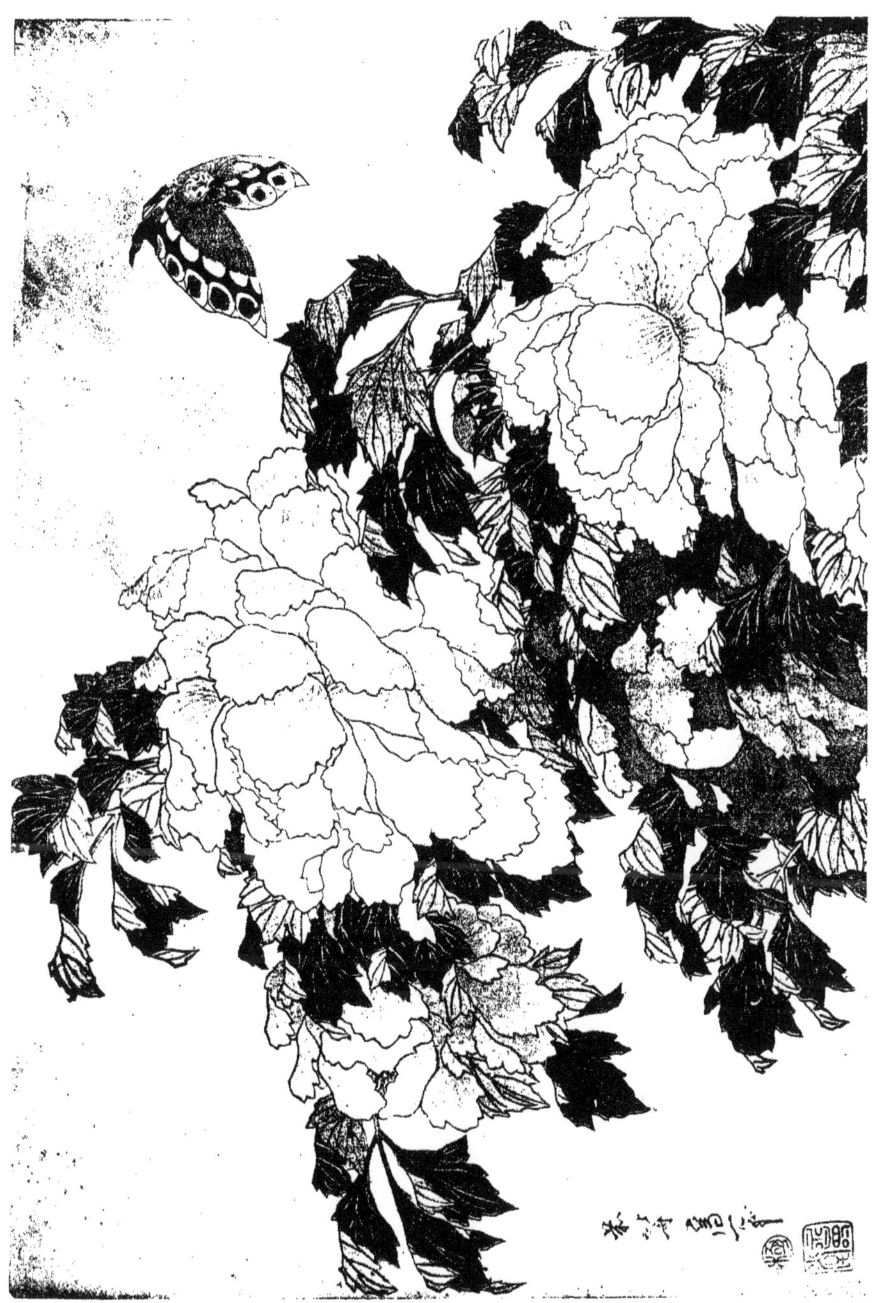

Pl. n° 25.

N° 155.

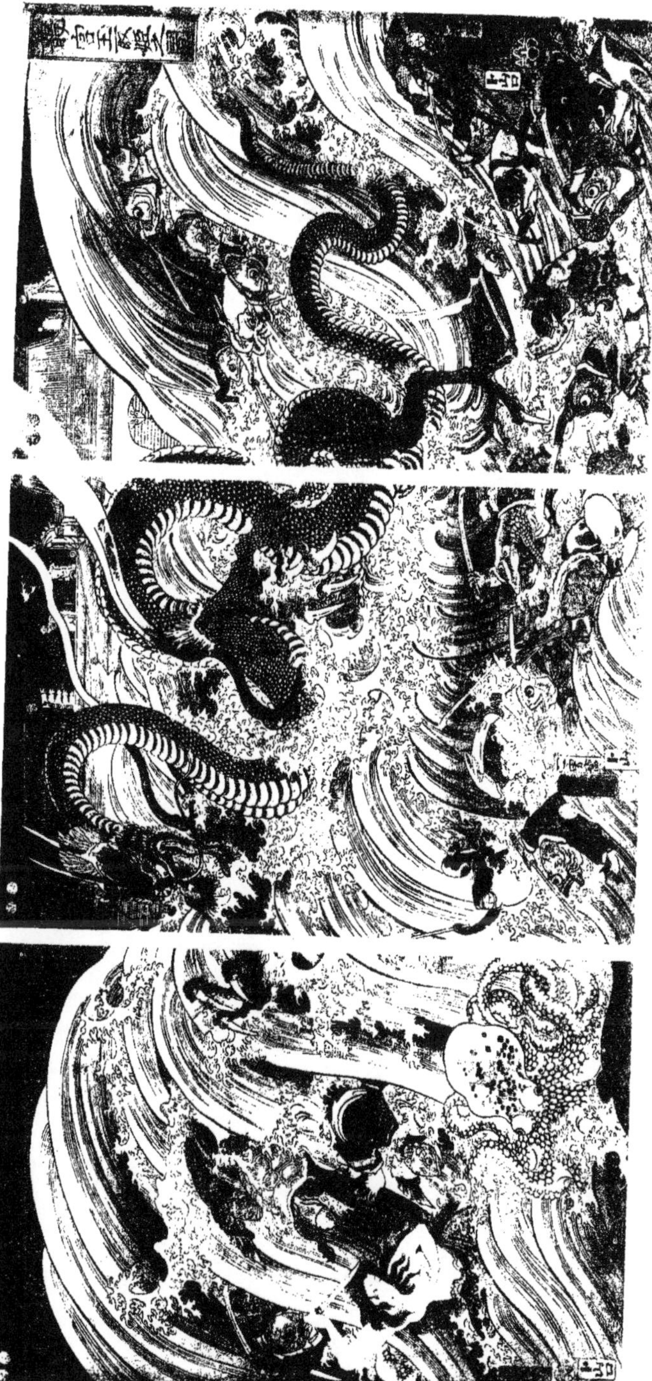

Pl. nº 26.

Nº 177.

Nº 178.

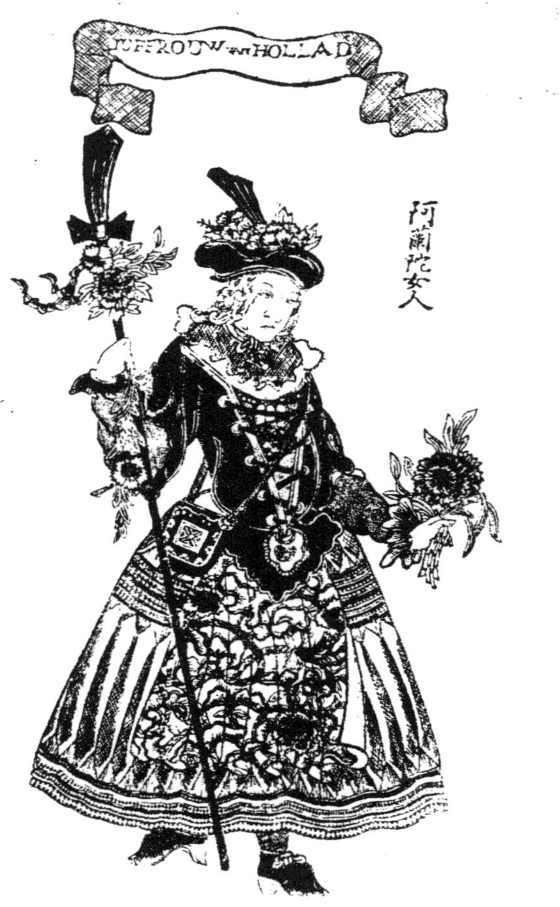
JUFFROUW van HOLLAD
阿蘭陀女人

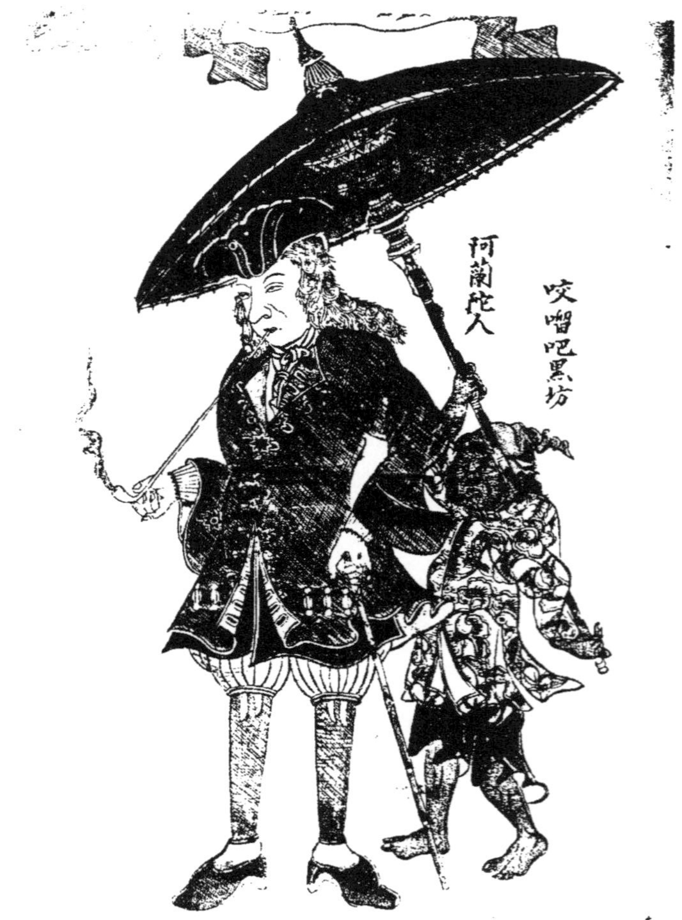
阿蘭陀人
咬𠺕吧黒坊

www.ingramcontent.com/pod-product-compliance
Ingram Content Group UK Ltd.
Pitfield, Milton Keynes, MK11 3LW, UK
UKHW021108260726
13994UKWH00002B/791

9 782329 490175